不懂公式也OK！

矽谷
成功人士的
推薦之選
!!

用統計學思維 搞懂投資、商務與育兒

本丸諒

楓 葉 社

「統計學」
是什麼……？

有資料嗎？
用數字來說話！
沒有證據啊…
……。
被這樣問也不知道怎麼回…
實在搞不懂呀～

統計學…
可是很厲害的喔？
咦？
我很擅長統計學，
就讓我從頭開始教你吧！
胸有成竹
眼鏡!?
米開朗基羅…!?

「統計學」簡單來說就是這麼回事！

收集充斥在世界上的
各種「數字（資料）」

▼

轉換成對統計學
有意義的「資訊」

▼

這麼一來…

世上的事情
就會清晰明瞭

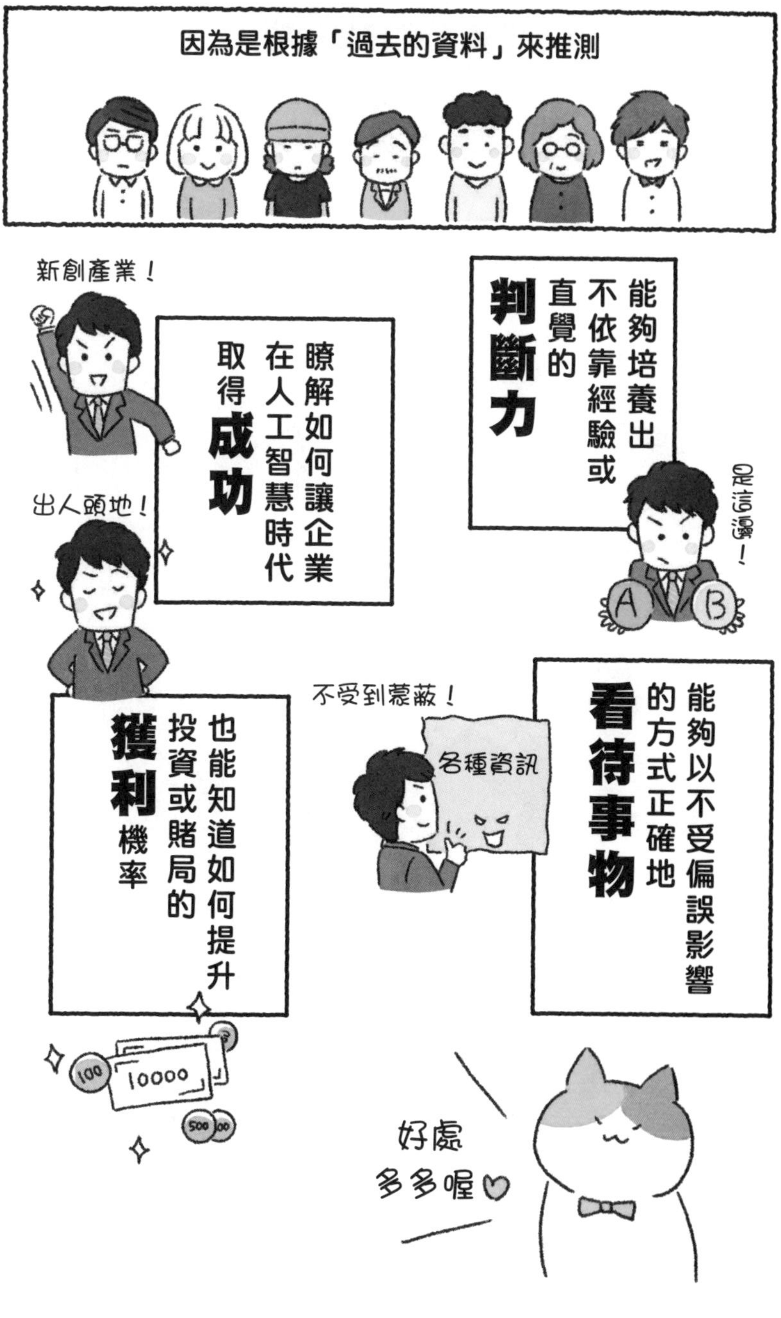

因為是根據「過去的資料」來推測
能夠培養出不依靠經驗或直覺的判斷力
是這邊！
瞭解如何讓企業在人工智慧時代取得成功
新創產業！
出人頭地！
能夠以不受偏誤影響的方式正確地看待事物
不受到蒙蔽！
各種資訊
也能知道如何提升投資或賭局的獲利機率
10000
好處多多喔

世界上堆積如山的

「一般數字」…

只要施予統計的魔法，就會變成

「具有意義的資訊」！

換言之，為了看清這個未來充滿不透明和不安的世界，
統計學是必備的知識…！
原來是這樣…
我會好好學習的…！

像開頭出現的男性一樣，
覺得統計學很難、實在提不起勁來學習的人，
其實出乎意料地多。
問題或許在於這兩點：

❶「這跟我們的生活沒關係吧？」＝缺乏實用感
❷「有許多文組看不懂的數學公式……」＝高門檻

關於❶，讓我明確地告訴各位……超實用的！
說得更確切一點，如果沒有統計學的基礎，將來可能會在人生的各方面一直「吃虧」。日本已經有些大學開始將「資料科學（data science）」作為通識課程，讓文組和理組

的學生學習。

下面舉例說明統計學和資料處理如何在實際生活中帶來幫助。

例如，無論小孩或大人，都會使用「抽籤」或「猜拳」來決定一些事情。各位是否也不假思索地用這些方式來做決定呢？事實上，抽籤有比較容易抽中的位置；猜拳固然公平，但如果稍微懂一些統計學，也能提高獲勝的機率。

網路和社群媒體上混雜著各式各樣的資訊，想盡可能獲得正確資訊，卻不知道如何辨別「假新聞」的話，其實只要對統計學有基本認識，就能分辨錯誤的資訊。

對於想要增加財富的人來說，統計學也能派上用場。在日本，開始投資股票或基金的人愈來愈多，如今已有1470萬人。每個人當然都不想賠錢，而只要知道如何解讀統計學指標，就能大幅降低投資失敗的機率。

關於❷也不需要擔心。

在進行資料分析的時候，確實需要一定程度的專業知識和Excel等工具來幫助計算，但本書的主旨是「超入門」，所以主要介紹的是學習如何觀察和解讀資料的「資料素養（data literacy）」，幾乎沒有「數學公式」（頂多只會列出來作為參考）。

毫不誇張地說，統計學是「21世紀的基本教養」。本書力求以最淺顯易懂的方式呈現，並融入問答與專欄，讓學習變得更加有趣。

請大家盡情享受統計學的世界！

本丸諒

第1章 資料的處理方式是否有誤？

第2章 統計學的基礎，只要知道這些就夠了！

第3章 常態分布可以用在哪裡？

第4章 「內閣支持率跌破40%」這句話有幾分可信度？

第5章 只是巧合嗎？用假設檢定找出真相！

第6章

證據是正確的？相關性不正確？

第7章

統計學的敵人是借鑑歷史

米開朗基羅（暱稱米仔）

我的寵物貓，據說是「3萬隻中僅有1隻」的三色公貓。現在16歲。
或許是因為年歲已高的緣故，不僅能理解人類的語言，甚至在不知不覺中精通了統計學（的樣子）。

社會新鮮人（我）

剛剛從大學畢業一年的社會新鮮人。
因為大學讀文組，看到數字或公式就心灰意冷，很容易被網路或社群媒體上的廣告和假新聞所騙（有這種感覺）。

序章

統計學
究竟能用在
什麼地方？

統計學真的有用嗎？

——無論對賺錢、工作和育兒都大有好處!!

有很多人認為學數學根本沒用。的確，微積分、向量這些數學觀念，在日常生活中幾乎不太有機會用到。

然而，**「統計學」卻是數學中的特例。無論在生活或商業方面，懂不懂統計學將會大大影響你的人生！**

統計學是一種工具，可以幫助我們從手中的資料分析現狀，以預測未來趨勢。舉凡想透過股票獲利，統計學就是必不可少的知識。

想透過股票獲利，原則上需低價買進、高價賣出，但實際操作起來不會如想像中順

利，可謂知易行難。

舉例來說，假如想買A公司的股票，但其股價持續下跌，應該在哪個階段買進比較適當呢？沒人知道這個答案。

反之，當A公司的股價飆升，順勢買進後股價又大幅下跌，這時一般人可能會想：「如果再多等一下，搞不好就不會賠錢了。」

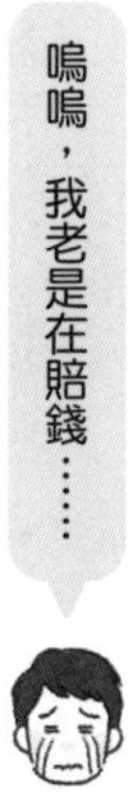

利用統計學可預見股價趨勢

這時候，「布林通道（Bollinger Bands）」這個指標就能派上用場。

請看28頁的圖表。除了股價圖表（K線）之外，還畫有三條線。

正中間的線是平均值（移動平均線），外側的上下兩條線則是所謂的布林通道。**布林通道在統計學中稱為「標準差」，意即股價有很高的機率（95％）會在這個區間內波動。**

■該不該購買股票？猶豫不決的話就使用統計學！

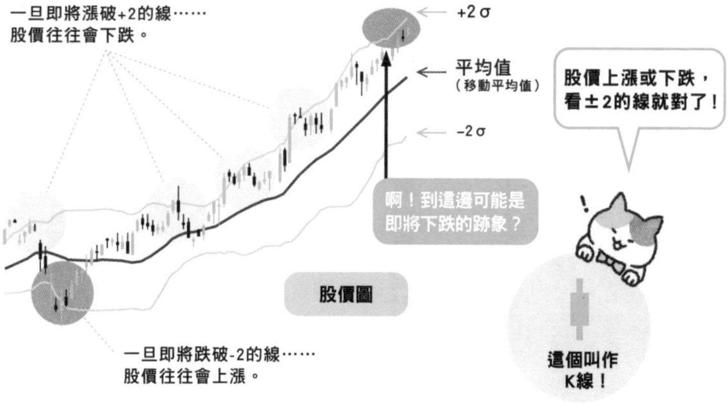
一旦即將漲破+2的線……
股價往往會下跌。
+2σ
平均值
（移動平均值）
−2σ
股價上漲或下跌，
看±2的線就對了！
啊！到這邊可能是
即將下跌的跡象？
股價圖
一旦即將跌破-2的線……
股價往往會上漲。
這個叫作
K線！

換言之，我們可以預測「股價看似要突破布林通道了，這應該是下跌（上漲）的訊號吧？」（需注意，以正確標準差知識來看，這個推斷也並非100％確定的。）

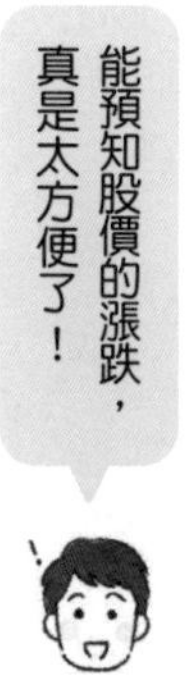
能預知股價的漲跌，
真是太方便了！

統計學中，會結合以下3個知識並加以應用。

1 **平均值**……這個應該不用介紹了。

2 **常態分布**……統計學中經常使用，為左右對稱的鐘型圖。

3 **標準差**……統計學中最重要的數值，為呈現資料分散程度的指標。

■布林通道是常態分布的應用

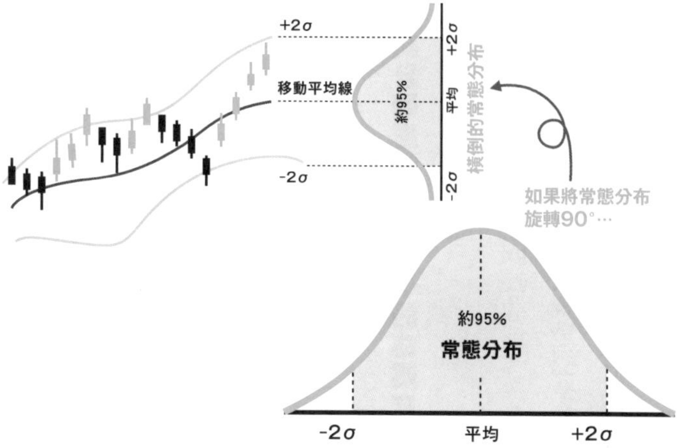

這些名詞的含義將在後面章節中說明，現在只需要大概知道就好。

呼～（突然出現專業術語害我緊張了一下）

「行動時不再僅憑運氣或直覺」

在統計學中，常將這三者組合起來，以29頁圖下方這種左右對稱的鐘型曲線（常態分布）來表示。

布林通道為了配合股價圖表，會將曲線逆時針旋轉90度，以橫倒方式呈現。正因如此，很多懂統計學的人也不會立即察覺到。

統計學中，解釋常態分布和標準差時，

一般是以「在95%的機率下是正確的」為前提，判斷事先建立的假設是否正確；但在股票世界中，這是有助於判斷要買進、賣出還是等待的獲利決策工具。

畢竟涉及重要的金錢，每個人做這類決定時都會舉棋不定。在這種情況下，**不能僅憑運氣或直覺，應該考慮「哪種選擇的機率高」再採取行動**，而統計學會告訴我們如何判斷。

統計學還能看出孩子的成長方式

31頁的圖表稱為成長曲線（發育曲線），男女不同。如果孩子的身高和體重等資料落在有顏色的範圍內，就代表是標準數值。

當然，也有不符合標準數值的孩子。尤其是數值偏低的孩子，想必父母都會很擔心。不過也不用過度憂慮。

■男生的成長曲線（發育曲線）

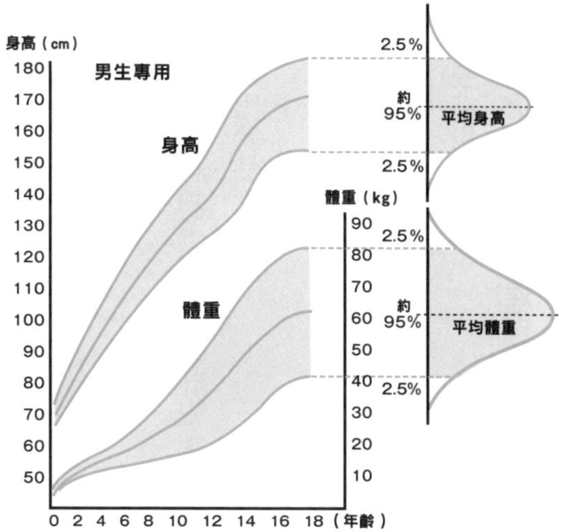
身高（cm）
180
170
160
150
140
130
120
110
100
90
80
70
60
50
男生專用
身高
體重
體重（kg）
90
80
70
60
50
40
30
20
10
0 2 4 6 8 10 12 14 16 18（年齡）
2.5%
約
95%
平均身高
2.5%
2.5%
約
95%
平均體重
2.5%

這個圖表與布林通道一樣，代表大約95%（標準差）的孩子會落在這個範圍內。然而，這只是一種參考標準，兒童的成長各有差異，超出範圍不代表就有成長障礙，且成長曲線還有其他表示方式。

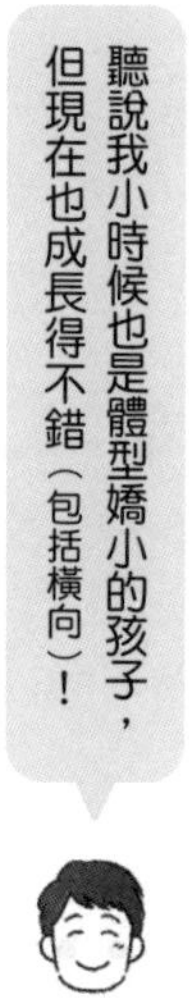
聽說我小時候也是體型嬌小的孩子，
但現在也成長得不錯（包括橫向）！

總而言之，呈現分散程度的統計學工具，能被用在生活中的許多地方。

在工作上也能立即發揮作用！

——能夠提前發現機器故障！

上一節談到了如何將統計學應用在股票獲利、孩童成長等生活方面，其實同樣的方法也適用於品管上。

就像股價和孩童成長有各自差異，我們生產的物品也會有些誤差；即使用最先進的機器製造也是如此。

將這個差異程度進行數值化，就是前面提到的「標準差」。

不光是判斷股票啊～太厲害了！

33頁的圖表顯示了產品的差異程度。舉例來說，假設指定製造長10毫米的釘子，就會出現9.998毫米或10.001毫米這樣極小的誤差。

■常態分布也運用在品質管理上

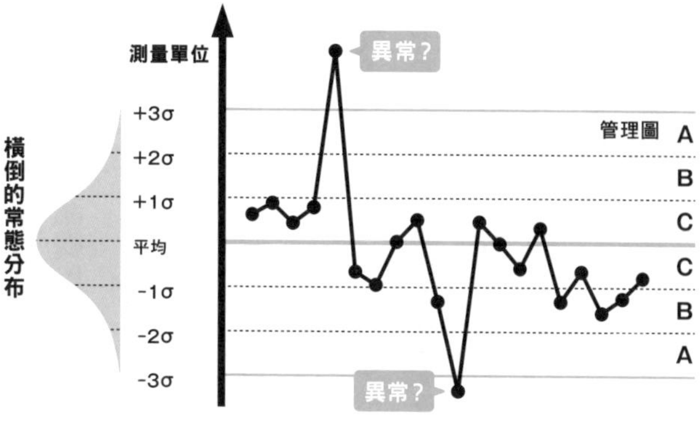
測量單位
異常？
+3σ
+2σ
+1σ
平均
-1σ
-2σ
-3σ
橫倒的常態分布
管理圖
A
B
C
C
B
A
異常？

如此細微的差異若是在規定範圍內，就會被視為合格品而順利出貨。

但是，誤差超過2毫米，就會被視為瑕疵品而慘遭退貨。

差2毫米就是瑕疵品？這也太嚴苛了吧。

上圖正中央的粗藍線為平均值（標準品），其上下分別有C、B、A三個區域，用來表示釘子的長度分布程度。

儘管各有差異，但透過統計學可知，約有68％的釘子長度會落在C範圍內；約95％會落在B範圍內；而99．7％會落在A範圍內。

可以提前預測機器故障

上述的C、B、A範圍，代表前面提到的標準差等級（1～3）。

由圖可知，只有極少數的釘子長度會超出範圍，被視為瑕疵品而遭到排除。即使沒有瑕疵品，如果連續產出3個落入最外側A範圍內的產品，或連續產出9～10個落在同一側（上或下）的產品，就可能是機器故障或操作程序有問題的徵兆。

因此，**就算產品的誤差值在正常範圍內，一旦連續出現上述情況，就可利用統計學知識判斷出應暫停機器、進行檢查**。

日本的JIS規格就訂定了一套參考基準（詳見35頁表格），其標準因行業、製造商和產品而異。

雖為參考，但我們可以透過觀察分散程度（標準差）來判斷機器狀況。

綜上所述，品管上也會用到橫倒的常態分布曲線。

一般人學統計學時，幾乎不會學到橫倒的布林通道或品質管理圖，也就難以意識到

■判定異常的8條規則（新JIS）

1	管理界限外	超過範圍A（3σ）
2	連	連續9個在中心線的同一側
3	上升・下降	連續6個增加或減少
4	交替增減	連續14個交替增減
5	2σ外 （接近臨界線）	連續3個中就有2個落在範圍A（3σ） 或超過這個範圍（>2σ）
6	1σ外	連續5個中就有4個落在範圍B（2σ） 或超過這個範圍（>1σ）
7	中心化傾向	連續15個都落在範圍C（1σ）
8	連續1σ外	連續8個落在範圍C（1σ）以外

它們本質上是相同的。

附帶一提，這些指標和圖表並非絕對正確，但從統計學的角度來看，可以提供我們作為評估風險的參考標準。

原來如此，這樣我們就能
提早發現情況不妙了！

因此，只要具備統計學素養，就可避免在商場上失敗。

面對重要抉擇時該怎麼辦？

——基於證據進行思考的方法

學習統計學後立竿見影的用處，除了不容易在股市中吃虧之外，還有一個好處。

——能基於證據進行思考。

「**沒人知道結果……那該怎麼辦？**」

在這裡問一下，大家知道《進擊的巨人》這部熱門動畫嗎？

我一直都是忠實粉絲，也看了漫畫。

這是一部很有趣的作品。故事中出現了許多吃人的巨人，與城牆內僅存的人類展開

激烈的戰鬥；隨著劇情推進，巨人的祕密和人類所面臨的謎團被逐一解開。

這時候出現了里維兵長這個人類之中最強的男人（不是主角）。當有人必須做出決斷的時候，他總會說出這句話：

「做出哪個選擇才好，沒人知道最後的結果如何，就連我也不知道。但這是你的決定，你就盡量選擇不留遺憾的道路吧。」

我也很喜歡這句話。如果覺得「決斷」這個詞太過強烈，也可以用「判斷」來取代。想必大家每天應該都得做出一些小小的判斷。

若是生鮮雜貨店，就必須根據天氣和附近是否有活動來決定進貨的種類和數量。一旦判斷失當，就會浪費食物、造成虧損。

若是公司主管，就必須判斷部下提出的企劃案和提案書等呈報上來的資料。

然而，判斷是好是壞，這件事無人可知。

舉例而言，主管以這份企劃案無法獲利而否決，從追求利潤的角度來看確實是正確的，卻可能打擊部下的幹勁。

沒有人知道未來會發生什麼事，也不可能坐時光機回到過去，因此當下的判斷是非常重要的。

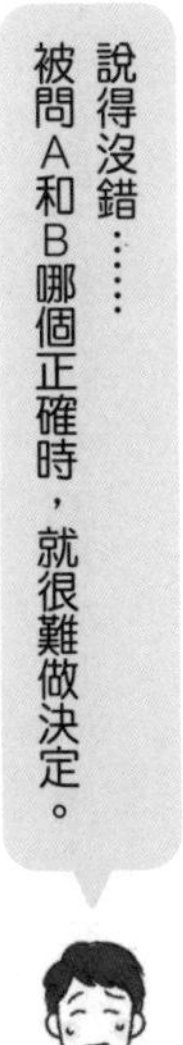
說得沒錯……
被問A和B哪個正確時，就很難做決定。

可以從科學角度來做判斷

不過，如果具備統計學知識，就能在下判斷前事先制定各種對策。

舉例來說，出版社在出書前要先決定好書名。畢竟先以A書名出版，發現完全不暢銷，再改用B書名重新出版，這種事是不可能的（除非其他出版社將其文庫化）。

但運用統計學，就能事先從科學角度輕鬆得知哪個決定比較好。

透過這種方法產生的資料就稱為**證據**（evidence）。

對喔……最近好像很常聽見
「有證據嗎？」之類的說法。

二〇二一年，某句話在日本國會引發熱議：「沒有證據顯示，刺激旅遊方案導致了新冠確診人數增加！」

這裡所說的證據，跟統計學角度的證據一樣。（不過，我覺得「沒有證據」這種說法非常危險，因為等到證據出現時就為時已晚了，應該透過觀察相關性，及早或提前處理可能導致不良後果的事情。）

沒有證據的論點毫無說服力

「evidence」原先是醫療界用語，但如今不僅商業領域，在各個領域做決策時，證據都被視為必要條件。

只要能夠理解並運用證據，你的話語在各種場合就會更具說服力。

哪些判斷正確、哪些判斷錯誤，沒有人知道——這對於無法預測未來的人類來說，是無可辯駁的事實。

不過，只要學習統計學，就能避免下的判斷沒有證據支持，並能知道如何獲得這些證據。

就這層意義上來說，統計學無庸置疑是生活和工作上非常有用的實戰武器。

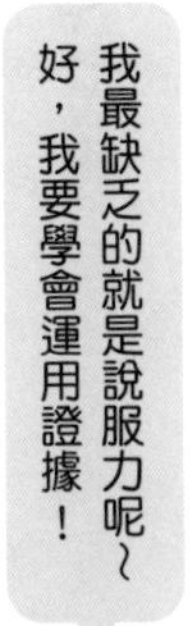
我最缺乏的就是說服力呢～
好，我要學會運用證據！

■統計學的「證據」，在商業領域中不可或缺！

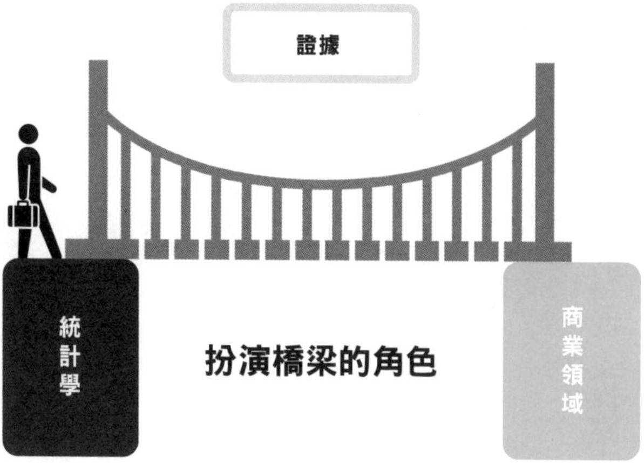

■沒有證據支持的論點，不會受到任何人的重視！

Column

和海螺小姐猜拳的勝率超過7成⁉「必勝猜拳法」的祕訣是什麼？

無論男女老少，決定某些事情時，最常用的方法就是「猜拳」。若是擅長猜拳，對人生似乎好處多多。那麼問題來了。

統計學問題

猜拳只有3種類型：剪刀、石頭、布，勝率是½（平手除外）。既然如此，有辦法提高勝率嗎？

答案是肯定的。

舉例來說，在星期天的傍晚，《海螺小姐》節目的最後有個「猜拳單元」。有個人在這個單元以超過7成的勝率連續猜贏，他就是「海螺小姐猜拳研究所」的高木啟之先生。

高木先生是如何將5成的勝率提高到7成呢？

照理而言，沒有人知道海螺小姐會出什麼拳。如果是用亂數等方式完全隨機的話，就不可能提高勝率（½）了。然而，海螺小姐並非隨機出拳，而是由節目製作公司EIKEN的負責人來決定。

只要是人為決定，就必然會出現習慣性。換言之，海螺小姐出的拳必定會出現一定的分布。

高木先生得知這件事後，從一九九一年開始記錄海螺小姐每次出拳的結果，目前他仍在推特（譯註：現為X）上做出「這個星期我出石頭」這樣的宣言。他的平均勝率為壓倒性的71％（截至二〇二二年三月二十七日的節目為止，總計664勝272敗）。

話雖如此，我們一般在猜拳時要如何提高勝率呢？

基本上，應該要和高木先生一樣，記錄對手的出拳結果。這麼一來，就會察覺對手出拳的傾向，如：石頭占4成、剪刀和布各占3成等。

還有一點值得留意——是否有連續出同樣的拳3次？

如果是機器隨機出拳的話，即使連續2次都出石頭，之後出石頭、剪刀和布的機率也一樣各為⅓，但人類通常不喜歡連續3次出相同的拳。

此外，可進一步研究「出石頭後，接下來多半會出什麼」。出拳後，下次出什麼拳的機率，稱為「條件機率」。

像這樣盡可能收集資料、找出其中規律，就能預測接下來出什麼拳的機率比較高，並藉此提高猜拳勝率。

序章總結

□ 不僅商業領域，統計學在投資和育兒等日常生活方面也很有幫助。

□ 統計學可作為評估產品品質的指標。

□ 論點沒有證據支持，就沒有說服力。

第 1 章

資料的處理方式是否有誤？

首先學習資料素養

——不懂資料素養，可能在實戰中鑄下大錯！

一般統計學書籍中不太會提到，卻非常重要的觀念之一，就是「資料素養」。其又稱為數據素養、資訊素養。

哦哦，資料素養啊。最近好像經常聽到相關名詞。

這代表與資料相關的話題正受到人們的關注。

說到資料，一般的**數值資料也分好幾種，如果在不瞭解種類和差異的情況下運用統計學，就可能犯下嚴重錯誤或在眾人面前出糗。**

然而，為什麼一般的統計學書籍中很少提及這些呢？我猜大概是作者認為這些是常識，沒必要特別寫出來。

不過，就我而言，如果不知道資料的種類、解讀和處理方式，將非常危險。接下來，我舉個極端的例子。

理科背景的人也會弄錯資料的解讀和處理方式

「將北海道和沖繩縣的資料進行平均，就會得到滋賀縣的資料。」

光聽這句話，一般人都知道這種計算方式很奇怪。然而，我們確實可能做出類似的計算。

這個例子就是錯誤地處理了「名目資料」（56頁會進行講解）。即便將名目資料數值化，也不能進行平均等計算。

人類是很奇妙的生物，每當看到數值化後的資料，就會不由自主地想拿來計算；或者看到有人正在加總，就會擴大解釋為也可以進行除法，導致連續產生錯誤資料，無意中將周圍的人誤導至錯誤的世界。

■統計學與資料素養之間的密切關係

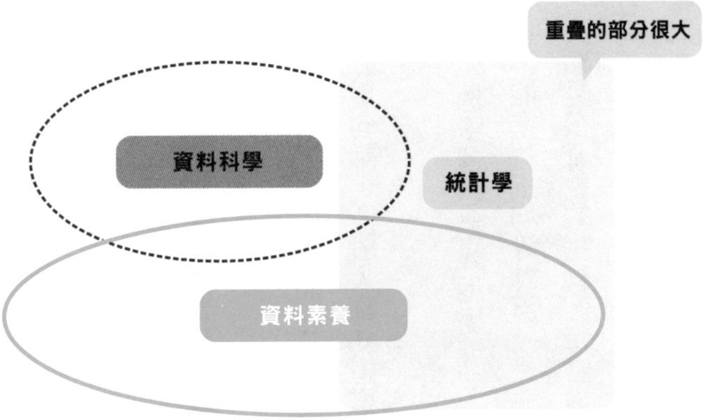
重疊的部分很大
資料科學
統計學
資料素養

因此，我們在學習統計學前，必須先大致瞭解資料素養，舉凡資料的種類、性質，以及圖表的呈現方式等。

圖表？我雖然是文組的，但起碼知道這個（大概吧）。

其實，我就曾看過理科的權威雜誌公然拿出錯誤的圖表（小聲）……所以還是得格外注意。

說到資料素養，一般會說是關於資料的讀、寫和計算，但我認為只要知道如何解讀資料就夠了。一旦涉及到資料的寫法（創建方法），就應該歸類在超出資料素養範疇的資料科學領域才對。

為了不受他人創建的資料所騙；相反地，也為了不進行奇怪計算而帶給周圍的人困擾，資料素養可說是必不可少的知識。

資料的創建方式就交給專家，先好好學習解讀方式吧！

要瞭解資料特性，不妨先分類

說到「資料分類」可能會有種枯燥乏味的感覺。然而，誠如字面意思，這是為了理解而進行區分。透過區分將同類聚在一起，就有助於促進理解了。接下來，我將簡單解釋一下。

資料的區分方法有很多種，如果是統計學的初學者，不妨先學會以類型大致區分。

資料類型可分為名目資料、順序資料、區間資料、比例資料這4種。

名目資料和順序資料是「**質的資料**」。意即為了方便起見，將原本無法用數字呈現的資訊數值化，而得到的資料。

例如，透過「0、1」等數字來區分男性和女性。這麼做的好處是方便電腦處理。然而，這種資料也很容易誘發錯誤。

區間資料和比例資料是「**量的資料**」。意即原本就是以數值表示的資料。對於商業領域來說，是很重要的分類方法。

資料分成4種啊……感覺變得複雜起來了，拜託再講慢一點……！

「太好了！」這樣的感覺可以數值化嗎？

——「名目、順序、區間、比例」4種尺度

一般人去找房仲詢問租屋事宜時，多半都會關心到車站的時間和距離。

若房仲只說「離車站很近」，每個人的理解都會不同；但如果數值化寫成「離車站5分鐘」、「離車站20分鐘」，任誰都能看出差異在哪（通常以1分鐘＝80公尺來換算）。

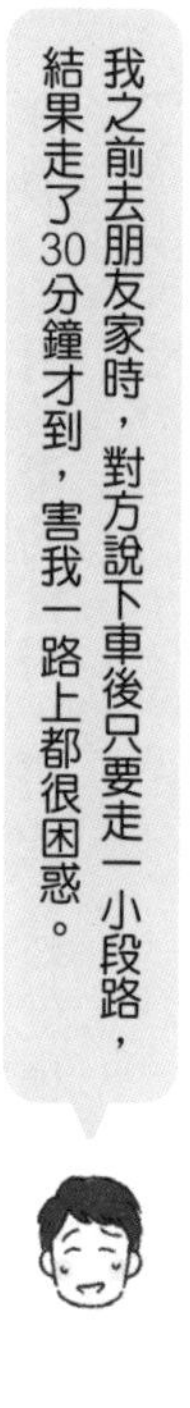
我之前去朋友家時，對方說下車後只要走一小段路，結果走了30分鐘才到，害我一路上都很困惑。

除了時間之外，溫度、分數、身高、年齡、金額這類可以用數值表示的資料，都稱為「**量的資料**」。

然而，並非所有資料都可以用數值表示。例如，「喜歡」或「非常喜歡」、「好」或

■統計資料可分成4種尺度

統計資料的種類			
質的資料	名目尺度	用於區別和分類不同事物。	例如：性別、血型、地址
	順序尺度	順序具有意等距的。 但間隔沒有意義。	例如：排名、偏好
量的資料	區間尺度	刻度是等距的。	例如：溫度（攝氏、華氏）、智商
	比例尺度	有原點， 間隔和比例具有意義。	例如：身高、銷售額、絕對溫度

質的資料和量的資料經常混淆，需要特別注意喔～

「不太好」這類偏好或商品評價，往往是根據人的感性來判斷。網路上通常以★來表示（大部分最多5顆）。每個人給★的標準都不同，然而一旦量化，看起來就像是相同的評價。相對於量的資料，這些資料就稱為「**質的資料**」。

量的資料和質的資料又可各分成2種，變成共計4種尺度。

利用統計學處理資料時，若不瞭解這些尺度的差異，就可能處理錯誤，導致問題變得更複雜。

瞭解資料尺度的差異是很重要的一件事啊。那就得仔細聽好了。

■問診表填寫範例

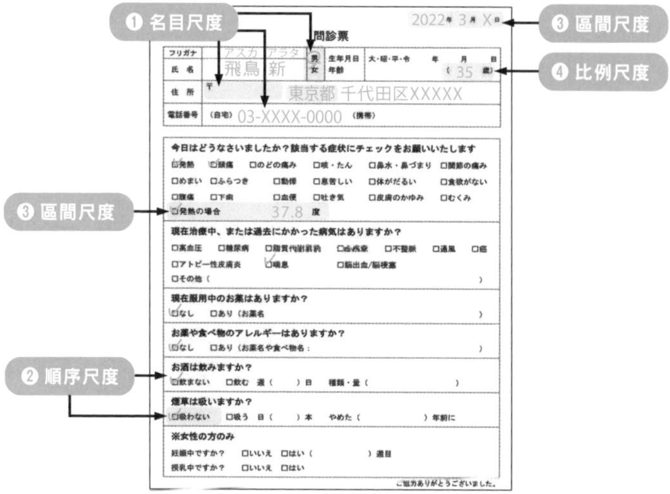

任何事物都能轉換成資料？

上圖是某人的問診表。看樣子這個人是因為花粉症而去診所看診，表格中混雜著4種類型的資料。

❶ **名目尺度**……屬於質的資料，如：性別、地址、血型等。

原本這些資料並非量的資料，但為了方便分類，才**暫時賦予數值資料；經過數值化後的資料，統計上就變得容易處理多了**。

具體來說，性別將男性＝1、女性＝2；地址將北海道＝1、青森＝2……沖繩＝47；血型將A型＝1、B型＝2、O型＝3、AB型＝4；同意與否將同意＝1、不同意＝2、兩者皆非＝3。類似這樣，將資料數值化。

然而，這些數值之間並沒有「大小、優劣、順序」等區別。

原來如此。只是為了方便起見而賦予數字，不代表這些資料的「質」啊。

沒錯。

因此，用名目尺度的資料進行平均值等計算是沒有意義的，這點需要注意一下。

回到49頁的問題，將北海道＝1和沖繩＝47相加取平均值，這樣的計算是可行的。

可是，得到的數字「24」有什麼意義呢？

毫無意義吧。

是啊。24是滋賀縣被分配到的編號，但北海道和沖繩平均起來並不會變成滋賀縣。

② 順序尺度……屬於質的資料。但跟前名目尺度不同，順序尺度的數值之間存在著排名或順序。

舉例來說，運動會的名次（第1名，第2名等）、考試排名（第1名，第2名等）、嗜好評價（舉凡多喜歡吸菸，就以吸菸根數作為評價順序）等，都屬於順序尺度。

這些數值確實可以排序，但是第1名、第2名、第3名等各名次之間的「差距」並不均等。以運動會的名次來說，第1名和第2名之間僅相差0．1秒、第2名和第3名之間卻相差3秒以上，仍然會評價為第1名、第2名和第3名。換言之，就算第2名和第3名的秒數相差懸殊，也不會變成第30名。

順序尺度的資料可以看出排序，間隔卻並非等距，因此也無法用來計算平均值等數值。不過，我們可以藉此得到中位數（之後會介紹）。

名目尺度和順序尺度原本都是非數值的質的資料，只是為了方便起見才進行數值化，在計算等方面自然存在著限制。

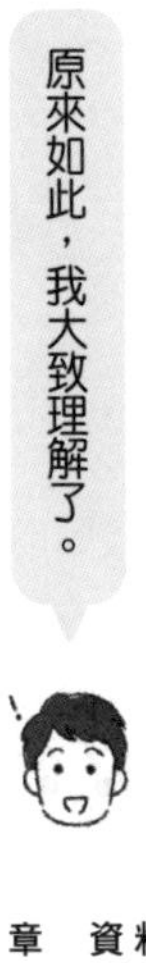

接下來要介紹量的資料。

③區間尺度……屬於量的資料。與質的資料不同，區間尺度的資料可以進行各種計算。

例如溫度（攝氏℃、華氏℉）和得分等。

以溫度來說，攝氏8℃和9℃之間正好相差1℃，而15℃和16℃的間隔也恰好相差1℃。假設昨天是10℃、今天是20℃，我們可以透過計算（加法或減法）得知溫度上升了10℃（20－10＝10），但是無法做乘法和除法計算。

這是為什麼呢？

具體來說，在攝氏溫度下進行測量，不能說「與昨天相比，氣溫增加了2倍」，因為20℃不是10℃的2倍。

關於原因，我想只要看接下來比例尺度的說明，應該就會明白了。簡單來說，因為

0℃是人為決定的，還有負數的世界。

只是，**每個刻度之間的間隔相等，因此可以進行加法、減法或平均值的計算等必要的統計處理**。這裡我們才第一次接觸到可以計算平均值的資料。

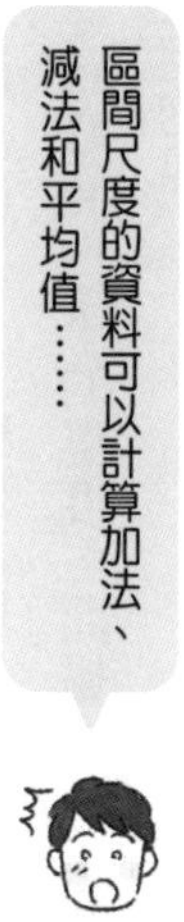
區間尺度的資料可以計算加法、
減法和平均值……

❹ **比例尺度**……也稱為「比率尺度」。**屬於量的資料，可以進行各種計算**。當然，刻度之間的間隔是均等的，也存在絕對的「0」。

比例尺度包括身高（長度）、體重（重量）、時間、銷售額、年齡和收入等。區間尺度和比例尺度的區別，可以透過「最小是否為0」來判斷。

身高和體重沒有負數，最小值為0；銷售額也不會是負數，即使銷售再怎麼慘澹，最少也是0元；年齡也沒有負數，最小的年齡是0歲的兒童。

攝氏溫度（℃）屬於區間尺度，是由人為設定水凍結的溫度＝0℃，還存在著0℃以下的負數溫度。華氏溫度（℉）的情況也類似。

■為何20℃不是10℃的2倍？

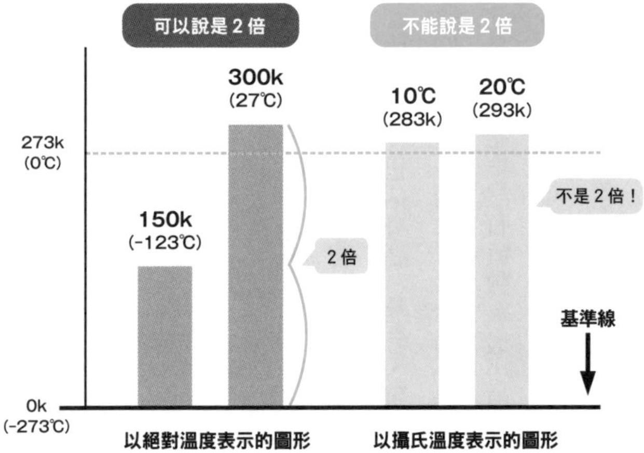
可以說是2倍
不能說是2倍
273k
(0℃)
300k
(27℃)
150k
(-123℃)
2倍
10℃
(283k)
20℃
(293k)
不是2倍！
基準線
0k
(-273℃)
以絕對溫度表示的圖形
以攝氏溫度表示的圖形

另外，還有一種溫度指標，稱為絕對溫度（K）。絕對溫度中，0度（0K）相當於攝氏溫度的負273度。而這個絕對溫度，就屬於比例尺度。

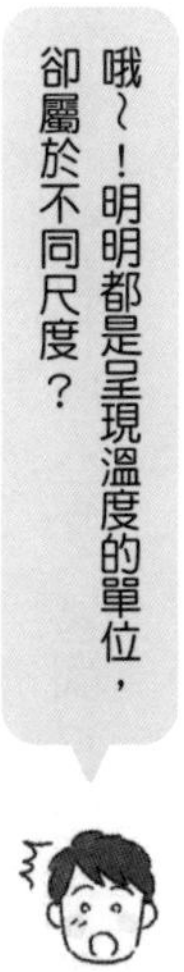
哦～！明明都是呈現溫度的單位，
卻屬於不同尺度？

沒錯。

兩者的不同之處在於，絕對溫度（K）在現實中不存在0K以下的溫度，而攝氏溫度是人為設定的溫度。

先前提到20℃並非10℃的2倍，如果將攝氏溫度轉換為絕對溫度，那麼20℃＝293K、10℃＝283K，就可以明顯看出兩者並非倍數關係。

此外，在絕對溫度的世界中，也可以進行乘法和除法計算。**比例尺度不僅可以進行四則運算，也可以計算平均值。**

「比例尺度」是可以進行所有計算的全能尺度啊。

■每個尺度的情報量與可計算數值

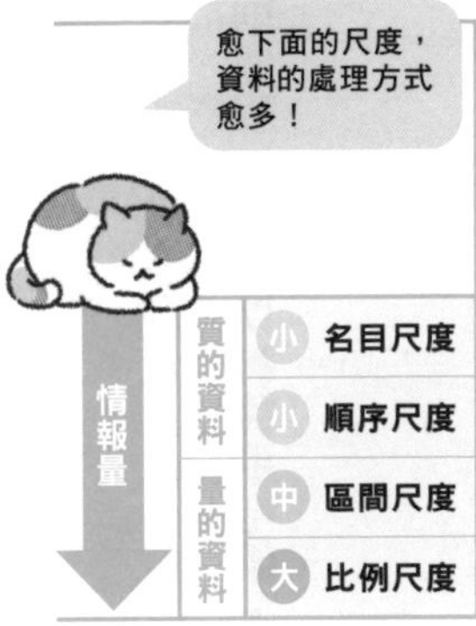
愈下面的尺度，
資料的處理方式
愈多！
情報量

			四則運算				代表值		
			加法	減法	乘法	除法	平均值	中位數	眾數
質的資料	小	名目尺度	×	×	×	×	×	×	◎
	小	順序尺度	×	×	×	×	×	◎	◎
量的資料	中	區間尺度	◎	◎	×	×	◎	◎	◎
	大	比例尺度	◎	◎	◎	◎	◎	◎	◎

為何需要瞭解資料的尺度呢？

最後讓我們總結一下這4種資料的使用差異。

實際上，一般的統計學書籍都不會像這樣大篇幅介紹資料的尺度。

（咦……那為什麼要大費周章地說明啊？）

你看起來很不滿呢（笑）。讀到這裡，大概會覺得無聊吧，真抱歉。

但是，**如果不先瞭解資料的尺度（類型），日後在處理類似血型A型＝1、O型＝3這類資料時，就有可能做出「取平均值**

得到2（＝B型）」這種奇怪的計算和分析。

換言之，**瞭解資料的尺度是處理資料時最基本的素養**。

原來如此，
這是最基本的知識啊！

嗯，沒錯。

這麼一來，就可以避免大出糗或做出致命結論，所以記住這些絕對百利而無一害。

從看不見的資料中找出真相

——天才科學家發現的「倖存者偏差」

追蹤「看不見的資料」？
好像偵探一樣，真酷。

前面已經介紹過資料的處理方式，接下來要將焦點擺在「看不見的資料」上。

葛飾北齋（一七六〇～一八四九）是江戶時代晚期的天才浮世繪師，以《富嶽三十六景》和《北齋漫畫》等作品而聞名。根據最近的人口移動調查，現代日本人的搬家次數平均約3次，但據說北齋生前曾經搬家多達93次。

如此特殊的奇才，還畫出了令西方畫家都震驚不已的事物——人眼無法看見的風。

人類的眼睛看不見風，北齋卻能透過旅行者的斗笠被強風吹走、紙張在空中飄揚、

■葛飾北齋「富嶽三十六景 駿州江尻」

波濤破碎的形象，以精湛的筆觸將看不見的風描繪出來。

的確可以從這幅畫中感受到風。

當然，我們都知道風的存在。

風會吹拂著我們的臉和身體，現在還會利用風力轉動風車來發電，或坐上帆船乘風遠航至想去的地方。

「著眼於看不見資料的天才科學家」

就像風一樣，**這個世界充斥著「看得見的資訊」和「看不見的資訊」**。而我們往往只追求前者，後者卻可能恰恰隱藏著真相。

■轟炸機中彈的主要部位和彈痕數量

機體	彈痕數量（每平方英尺）
發動機	11.1
機身	1.73
燃料系統	1.58
其他	1.8

《數學教你不犯錯》喬丹．艾倫伯格著，天下文化出版

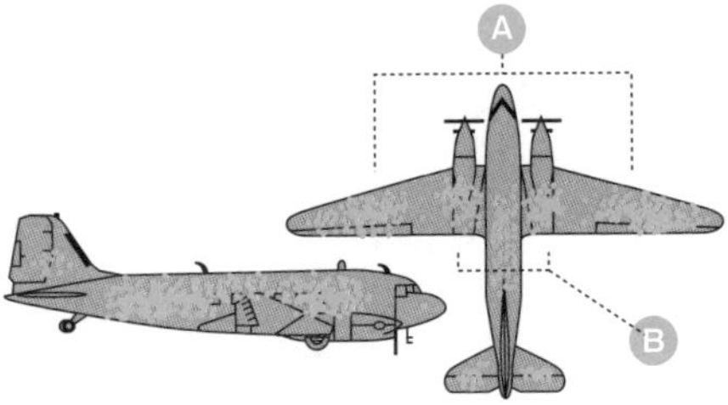

如果我們只看那些看得見的資訊，而忽略看不見的資訊，會發生什麼事呢？

倘若發生在戰爭等緊急情況下，又會如何呢？

在第二次世界大戰的歐洲戰線，美軍為了保護轟炸機免受德軍地對空機槍的掃射，而被迫做出因應對策。

請先看一下從戰場上平安歸來的美軍轟炸機的彈痕分布表。從這張表可以輕鬆看出，機身中彈的數量最多。

但是，再看下方的彈痕分布圖，主翼兩端（A）和機體中央（B）等部位的受損

較為集中。

最後，美國軍方制定的應對策略是加厚損傷較多處的裝甲，但又不想讓機體的重量增加太多。於是，他們諮詢統計研究團隊ＳＲＧ（Statistical Reserch Group）的鬼才亞伯拉罕・沃德（Abraham Wald），希望能借助他的智慧，計算出加厚多少毫米的裝甲可以剛好抵擋機槍的掃射。

現在請大家試著回答。

資料問題

天才沃德認為應該補強戰鬥機的哪個部位呢？

請大家稍微動腦思考一下。

沃德的答案與所有人的預期背道而馳。

因為他的答案是**「加厚沒有彈痕部位的裝甲」**。

我們現在看到的受損圖表，是生還轟炸機的彈痕。換句話說，即使圖上的部位中彈，轟炸機也能生還歸來，其他部位中彈就沒這麼幸運了。

既然如此，只需加厚未生還轟炸機中彈處的裝甲即可。

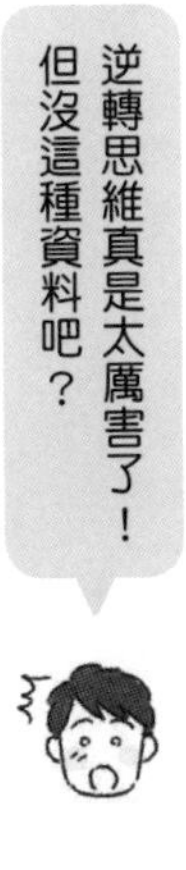
逆轉思維真是太厲害了！
但沒這種資料吧？

我們當然得不到未生還轟炸機中彈處的資料，但是只要扣掉生還轟炸機未中彈處的資料，就可以推測出來了（參照69頁）。

若只把焦點放在可見的受損部位，就無法想到解決方案。像這樣只注意可見資料、忽略實際情況的現象，就稱為**倖存者偏差**（偏差＝偏誤）。

在統計學和大數據分析中，大家往往只注重存在的資料。然而，若發現制定的對策達不到效果，就必須懷疑**是否陷入倖存者偏差了？**

■發現看不見的資料！

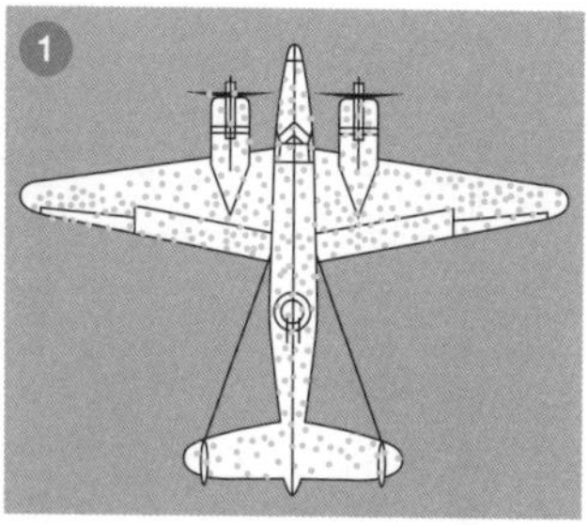

❶ 一般常識所認為的
「機體被打成蜂窩」時的
彈痕分布狀況。

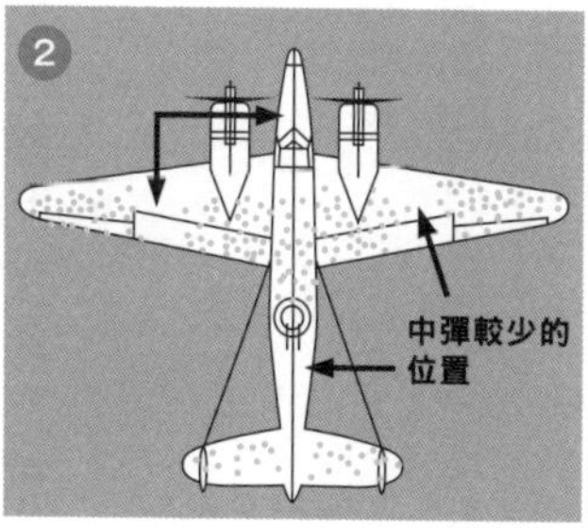

❷ 實際上生還轟炸機的
彈痕分布狀況。

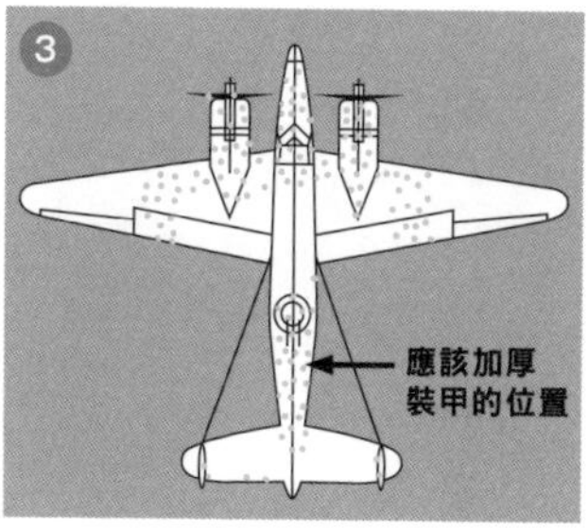

❸ 未生還轟炸機的
預期彈痕分布狀況。

❶－❷＝❸

因此，❸的藍點部分
才是應該加厚裝甲的部位。

Column

搞錯就糟糕了！圓餅圖的解讀和使用方式

相信大家應該從小學開始，就很熟悉圖表此一便利的工具了。

相較於直接面對大量數字，透過圖畫來觀看會更容易理解。然而，一旦成為社會人士，就必須具備一定程度的圖表常識。

其中，圓餅圖的使用方式尤為重要。因為圓餅圖在商業領域的使用頻率特別高，而且很容易在沒有意識到的情況下犯下致命錯誤。

我身為資料雜誌的主編，每個月都會進行原創問卷調查。上司總是會再三叮嚀：「做這種問卷調查時，千萬別使用圓餅圖。」

那麼問題來了，具體而言在做哪種問卷調查時不可以使用圓餅圖呢？

統計學問題

回答哪些問題時，不能使用圓餅圖？

①僅能選擇單一答案時。

②可以選擇複數答案時。

使用圓餅圖的時候，必須在圖表的旁邊標示回答人數（n）。當受訪者有1000人，實際回答人數為300人時，就是n＝300，而不是n＝1000。

如果是單一答案，可以按照比例，在圓餅圖上顯示。

然而，如果可以選擇複數答案，有些人會選2個、有些人選5個，將這些除以總數來計算百分比並據此繪製圓餅圖，就一點意義也沒有了。

所以，**答案是②可以選擇複數答案時。**

在複數答案的情況下使用圓餅圖，對商業人士來說是很丟臉的一件事……！順帶一提，複數答案都是使用長條圖來呈現。

除此之外，圓餅圖還有一個問題要注意。

想讓PowerPoint呈現起來比較有趣，而將圓餅圖製作成立體的3D圓餅圖時，靠前的空間看起來會比實際大；換言之，會變成容易讓人上當的圖表。

或許是為了美觀，商業簡報經常使用立體圓餅圖，但在科學領域中幾乎不會看到。

總而言之，當要使用或看到圓餅圖時，首先需檢查是否為複數答案，並注意立體圓餅圖呈現的資料與實際資料是否有出入。

立體圓餅圖會導致前面
看起來比較大！

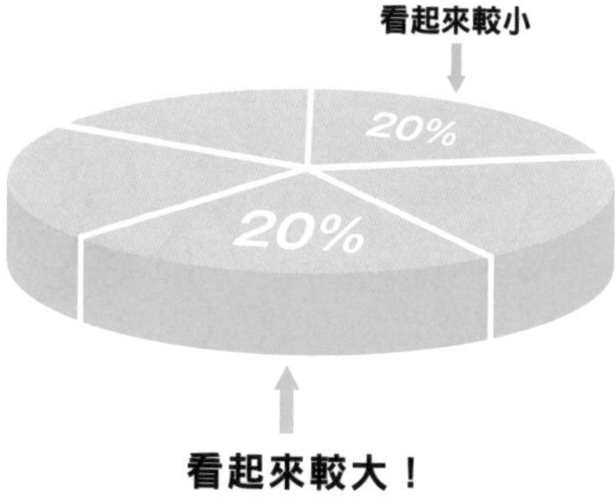
看起來較小
20%
20%
看起來較大！

第1章總結

□ 即使是資料專家，也可能弄錯資料的類型和圖表的使用方式。

□ 資料素養是現代人必備的技能。

□ 資料大致可分為2種：質的資料和量的資料。

□ 資料又可細分為共4種尺度。

□ 排除偏誤，從「看不見的資料」中發現真相是很重要的一件事。

第 2 章

統計學的基礎，只要知道這些就夠了！

真實數據可能有好幾個，但事實只有一個

——平均值、中位數、眾數都是正確的！

二〇一九年六月，日本金融廳宣布，如果丈夫年齡超過65歲，妻子超過60歲，假設日後夫妻倆還能再活30年，扣除年金後還需要2千萬圓才能生活。這件事引起社會的廣泛討論。

我的父母也曾為此感到擔心。

關於儲蓄問題，有份經常受到討論的資料，就是下面由總務省統計局公布的「家計

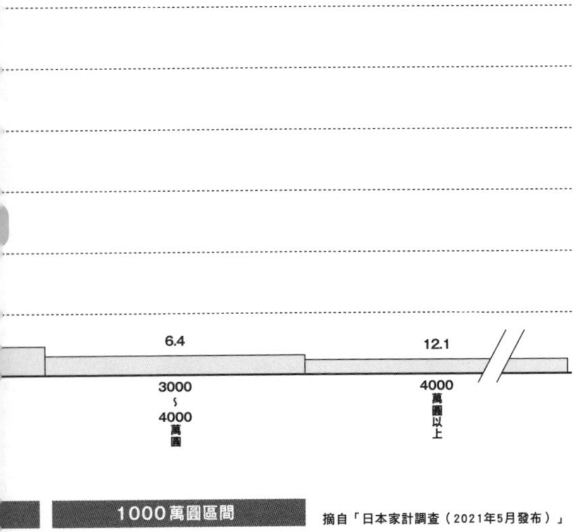
6.4
12.1
3000～4000萬圓
4000萬圓以上
1000萬圓區間

摘自「日本家計調查（2021年5月發布）」

調查」圖表。

這個圖表同時呈現了平均值、中位數和眾數，這些是在統計學中很重要的代表值。不僅如此，還可從中看出這3個數值的不同及特徵，可謂統計學中的經典圖表。

只要知道如何看懂這張圖表，就能變得更有自信。

哦哦，還真是方便的圖表！

首先，我們大致觀察一下圖表的形狀。它呈現怎樣的形狀呢？

呈現出**從左到右的「右斜下」**趨勢。

左側是儲蓄偏低的家庭，右側是儲蓄偏高的家庭，可以看出儲蓄偏低的家庭占了絕

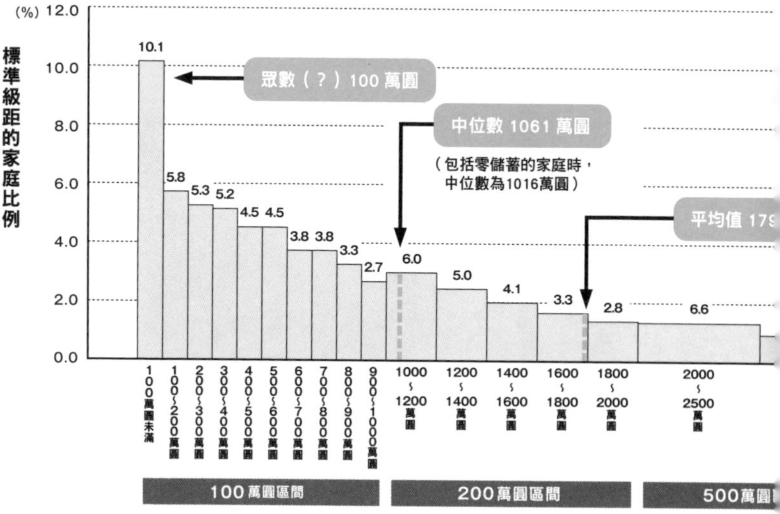

■按勞動者家庭（2人以上）區分的「儲蓄現值」分布（2020年）

大多數。

我完全是左側那方。
雖然是多數派，但有點淒涼……

寬度不固定的直方圖

這裡請留意儲蓄現值的分類（橫軸）。寬度不一樣對吧？

最初的寬度是以100萬圓為單位，但超過1000萬圓後，寬度變成以200萬圓為單位，這使得寬度變成了2倍。

是張看起來不太協調的圖表呢……

這對高度也造成了影響。1000萬～1200萬圓為6・0%，900萬～1000萬圓為2・7%，高度應該是2倍以上，但實際上高度幾乎沒有變化。這是為什麼呢？

因為寬度變成2倍的緣故。

換句話說，這個圖表乍看之下像長條圖，但其實是統計學中常用的「柱狀圖」，或稱「直方圖（histogram）」。

長條圖和直方圖有什麼不同呢？

長條圖的每個項目沒有連續性，例如：德國、法國、日本……說得極端一點，每個項目的旁邊是什麼都可以。在比較大小時，會根據縱軸的高度進行比較。

與之相對，直方圖的相鄰項目是量的連續，舉凡「不足100萬圓」的後面要接「100萬～200萬圓」，不可隨意交換項目的位置。由於具有連續性，項目需緊貼在一起，這就是直方圖的特徵。

在比較大小時，直方圖的項目寬度不同，因此是**以面積來做比較**。

比較大小時，
長條圖用高度、直方圖用面積。

「一般」是指平均值嗎？

——平均值的危險陷阱

現在，讓我們看看前一節的圖表內容。**「一般家庭」的儲蓄有多少呢？**這個問題雖然令人感到好奇，但我們要先弄清楚「一般家庭」究竟是指什麼樣的家庭？

不就是指「平均的家庭」嗎？

當然，說是平均也沒錯，那再看看圖表吧，圖表顯示「平均值1791萬圓」。1791萬圓？這樣的數值有符合日常生活中感覺的一般值嗎？

不只是我，一般家庭都不會有這麼多存款吧？太奇怪了！

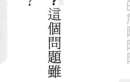

■平均為176㎝？

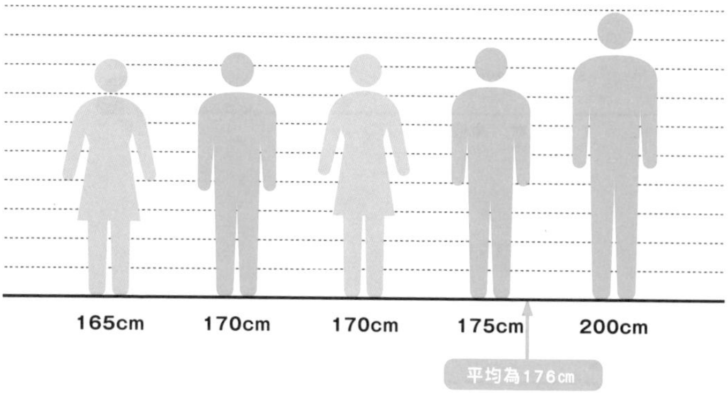
165cm
170cm
170cm
175cm
200cm
平均為176㎝

容易受異常影響的平均值

事實上，**平均值有一個很大的陷阱**。

那就是容易受到大數值或小數值（離群值）的影響。

舉例來說，計算上面5人的平均身高，可以得到176公分。雖然計算正確，但這個數字實在讓人難以接受。

這是因為，儘管說「一般＝平均」，但是在這5人中，就有4人並未達到平均的176公分。

這是為什麼呢？因為有個身高高達200公分的極端高個子（離群值）混在其中。

■在這種情況下，平均值就不可靠了！

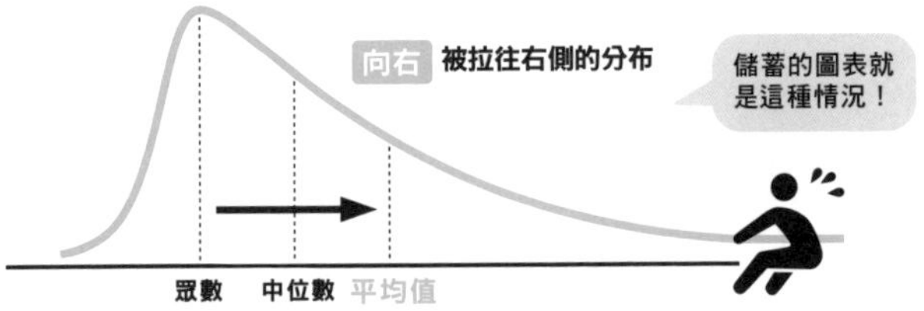
向右
被拉往右側的分布
儲蓄的圖表就是這種情況！
眾數
中位數
平均值

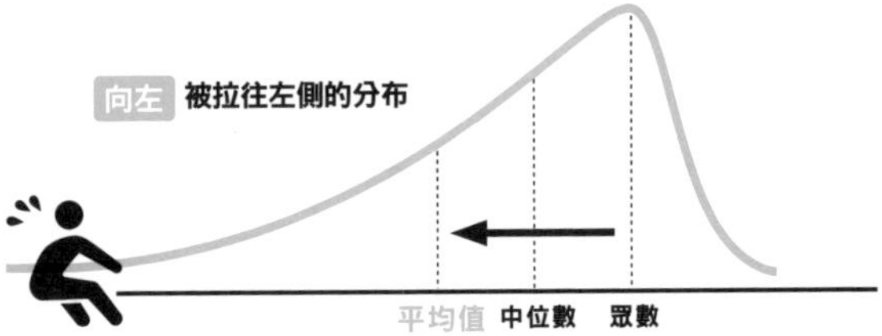
向左
被拉往左側的分布
平均值
中位數
眾數

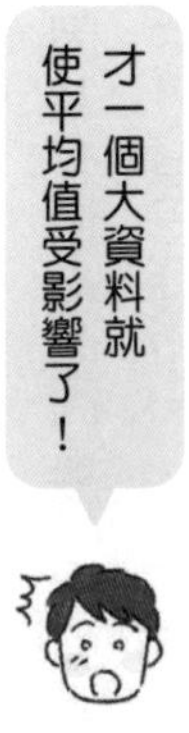
才一個大資料就使平均值受影響了！

儲蓄圖表也是如此，一些富有的人把平均值拉高到比實際情況還要高。

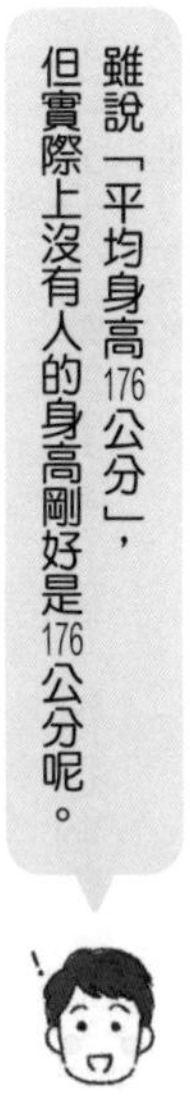
雖說「平均身高176公分」，但實際上沒有人的身高剛好是176公分呢。

因為平均值是計算得出的數值，假設了存在好幾個類似重心的虛擬人。

由此可知，平均值在常態分布的圖形資料中可以發揮作用；然而一旦受到大資料影響，就沒什麼意義了。

有符合人們實際感受的代表值嗎？

——何時可以使用中位數和眾數？

咦咦～難道沒有得知更貼近自己感覺的「一般家庭儲蓄金額」的方法嗎？

有的，那就是**中位數**。

要找出中位數，資料需按照由小到大（或由大到小）的順序排列。81頁的身高例子中，中間第三個人的170公分即為中位數；76～77頁的儲蓄圖表中，則寫著中位數為1061萬圓。

與平均值1791萬圓相比，中位數1061萬圓下降了將近一半（約60％）。然而，約1000萬圓的數值仍感覺是一筆不小的金額，一般人真有這麼多儲蓄金嗎？

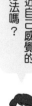

■中位數和眾數較接近實際印象

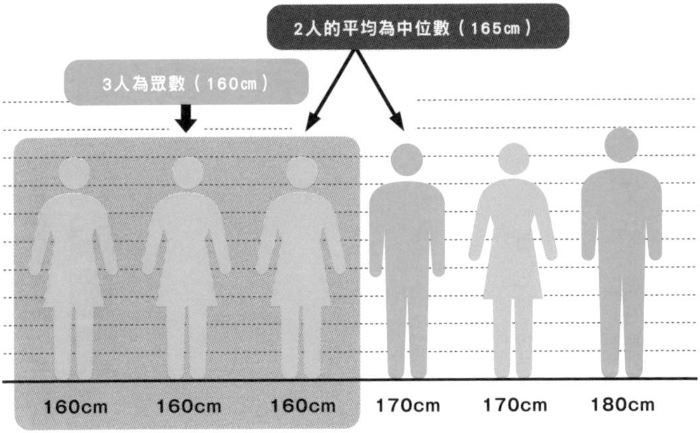
2人的平均為中位數（165cm）
3人為眾數（160cm）
160cm
160cm
160cm
170cm
170cm
180cm

上圖6人的身高例子中，因為總數是偶數，沒有位在正中間的人。這時中位數就是正中間兩個資料的平均，即165公分。

最後還有一個代表值——**眾數**。眾數指資料中出現次數最多的資料，類似多數決的概念。

上圖例子中，有3個人的身高為160公分，因此眾數就是160公分。

儲蓄圖表中沒有列出眾數的金額，但從區間來看「不滿100萬圓」的比例最多，故為眾數。

此外，眾數未必只有一個，有時會有兩個或三個。

要選擇哪個作為代表？

我們已經介紹完3個代表資料的值（代表值）了。

回到儲蓄的例子中，已知：

平均值＝1791萬圓

中位數＝1061萬圓

眾數＝100萬圓未滿

比較這些數值，會發現即使將眾數定為100萬圓，和最大的平均值也相差了高達18倍，可見**平均值未必代表「一般」**。

差距太大，已經到了難以理解的程度。

雖然視情況而不同，但就如87頁的圖所示，在左右對稱的鐘型圖（最上面的圖呈**常態分布**）中，平均值、中位數、眾數這三個代表值幾乎一致。

相較之下，在長尾拉向右側（正中間的圖）和長尾拉向左側（最下面的圖）的圖中，中位數更適合作為代表「一般」的值。

儘管如此，若只使用中位數，感覺還是有些不放心。因為最多的是儲蓄不足100萬圓的家庭，比例遠遠超過其他金額，而且這個數字只有中位數1061萬圓的十分之一。

這點確實令人困惑，究竟怎樣才能瞭解實際情況呢？

在會議等場合提出資料時，應以平均值或中位數為主，並附上眾數作為參考資料。這樣的做法可以避免誤導，算是最誠實的處理方式。

代表值有各種類型

某公司的工會在發放獎金時，向公司的管理階層提出類似88頁的資料。

若只提出要求的獎金金額，會顯得毫無根據、像是工會執行部的期望金額。既然如

■「一般」的位置會隨著圖形改變

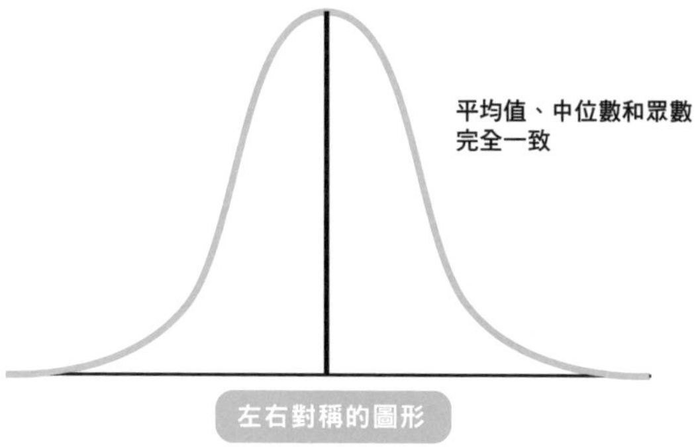
平均值、中位數和眾數
完全一致
左右對稱的圖形

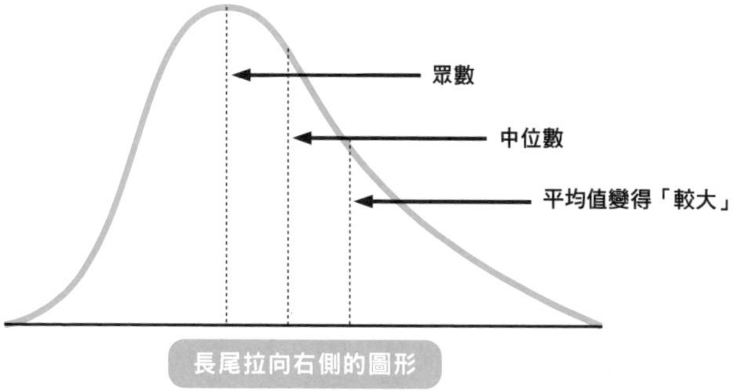
眾數
中位數
平均值變得「較大」
長尾拉向右側的圖形

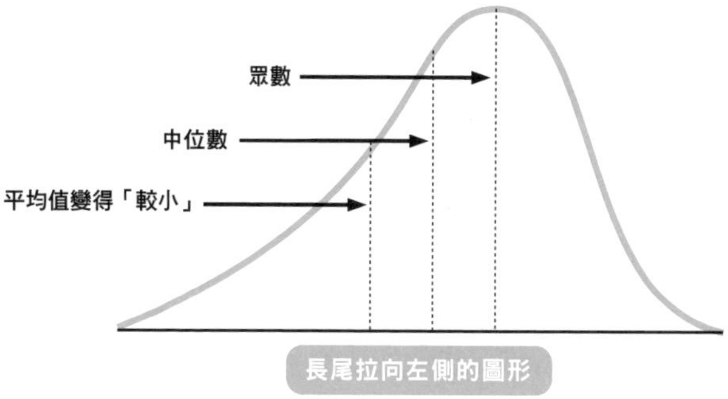
眾數
中位數
平均值變得「較小」
長尾拉向左側的圖形

■工會會提供各種資料作為根據

獎金的要求金額為70萬圓

	平均值	中位數	眾數	最大值	最小值
參考值	67萬1306圓	66萬圓	60萬圓	150萬圓	30萬圓

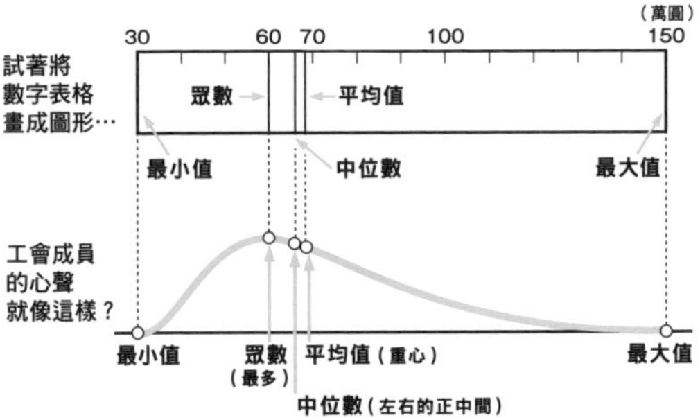
（萬圓）
30
60
70
100
150
試著將
數字表格
畫成圖形…
眾數
平均值
最小值
中位數
最大值
工會成員
的心聲
就像這樣？
最小值
眾數
（最多）
平均值（重心）
最大值
中位數（左右的正中間）

此，要如何向管理階層展示全體工會成員的意見呢？

除了工會所有成員期望要求金額的平均值、中位數和眾數之外，還要誠實地加入最大值和最小值。

只要做到這一步，就不能說這筆要求金額沒有根據了。

從數字中可看出，**平均值通常會有小數，眾數往往是容易理解的整數**，而最大值和最小值則容易成為離群值。

與其執著於單一代表值，不如用多個代表值來補充，這樣更接近現實情況。

預測一年後股價漲跌的厲害方法

——試著調整分析師的預測

平均值和中位數的意義沒有想像中困難吧。

接下來重要的不是學習如何進行這些計算（反正Excel就能立刻算出來），而是將其付諸實踐。

尤其是結合中位數、最大值和最小值等分散程度來預測資料分布，就能夠自己預測未來的走向。

下面讓我們試著預測一年後的股價。

嗯，我已經完全懂了。

哦，不錯喔！實際應用！

■美國G公司的股價

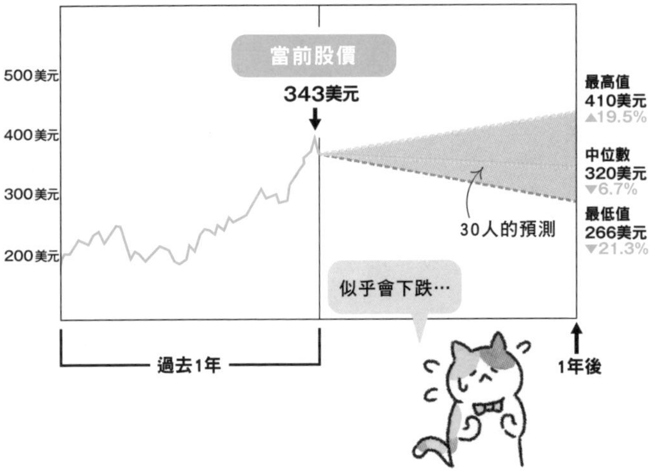
當前股價
343美元
500美元
400美元
300美元
200美元
最高值
410美元
▲19.5%
中位數
320美元
▼6.7%
最低值
266美元
▼21.3%
30人的預測
似乎會下跌…
過去1年
1年後

從過去一年的資料來看，上面兩張圖非常相似。這裡讓我們使用中位數等數值調查一下似是而非之處（差異）。

首先，上圖是對美國G公司未來一年股價的預測。圖表的左半邊顯示過去一年的股價趨勢，可以看到股價大幅上漲。正中間寫著當前的股價343美元，右半邊以三角形範圍來顯示未來一年的預測，有點像是颱風的路徑預測範圍。

沒人知道一年後的股價會是多少，對於外行人來說更是如此。

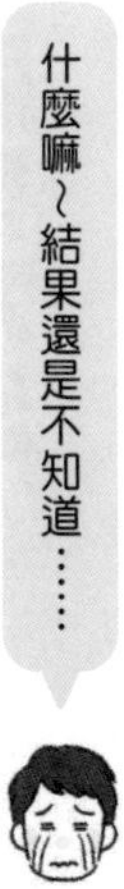
什麼嘛~結果還是不知道……

然而，這張圖的優點在於有30位專家

■美國N公司的股價

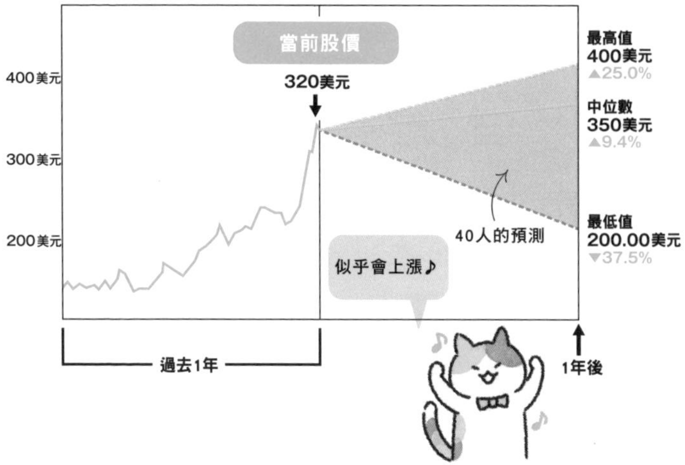

（分析師）幫忙做出預測，讓我們可以透過最高值（最大值）、最低值（最小值），或者**根據中位數試著自己進行預測**。

在這個例子中，對於當前股價的預測是最高上漲19・5%，最低下跌21・3%。

最後來看一下中位數，預計會下跌6・7%。如果中位數是下跌6・7%，就表示**30位分析師中有超過一半預測股價會下跌**，除非有確切的資訊，否則賣出似乎是比較保險的選擇。

上圖是對美國N公司的股價預測。過去的趨勢與G公司十分相似。

預計最高值上漲25・0%，最低值下跌37・5%，與G公司非常像。

範圍較大的原因有可能是分析師人數增加了10人，或者有一位分析師做出接近離群值的預測，在目前這個階段尚不清楚。但從圖表來看，形狀會受到最低值的影響，三角形的預測範圍比G公司更往下偏得多，感覺股價會比G公司還要糟糕。

那麼，問題來了！

資料問題

你認為是G公司和N公司，哪家的股票會上漲？

❶ G公司。

❷ N公司。

進一步分析股票分析師的預測

儘管G公司和N公司的股價趨勢相似，但有一個很大的不同，那就是中位數。G公司的中位數下降6．7%，N公司的中位數上升9．4%。

這表示，儘管有些分析師預測N公司會大幅下跌，但若其中有人接近離群值，代表**大多數分析師可能預測一年後仍會持續上漲**。這麼一來，光看N公司和G公司的中位數，或許就會得出完全相反的判斷。

像這樣根據資料（在這個例子中是分析師的預期資料）觀察最高值～最低值（資料的分散程度）和中位數（代表值），即可想像各自的情況，活用在自己的判斷上。以我來說，我會根據自己的分布圖（94頁的圖）進行預測。

這個例子中，我將G公司的30人和N公司的40人進行假設性的適當排列，在最高值～最低值的範圍內進行分配，並以中位數為界，上下各配置相同人數（●）。這樣的分配方式是基於中位數的意義，故中位數附近配置最多人數。

■預測G公司一年後股價的假設分布圖

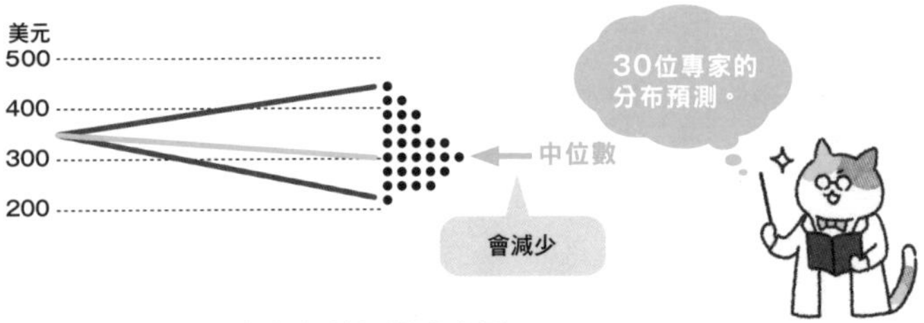
美元
500
400
300
200
中位數
會減少
30位專家的分布預測。

■預測N公司一年後股價的假設分布圖

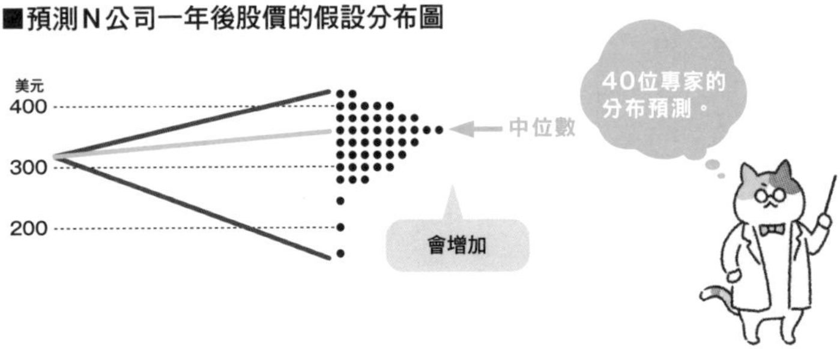
美元
400
300
200
中位數
會增加
40位專家的分布預測。

如此得出的結果就算會有些偏離，也不至於相差太多。以外行人來說，這樣的預測分布圖也算是有模有樣了。

總之，這樣就能看出看似相似的兩個預測，實際上有著截然不同的分布形態。

雖然走勢相似，但N公司可能會上漲？想不到連這個都能預測啊！

沒人知道未來會發生什麼事，但身為當事人就必須做出決斷。這時只要活用中位數，一定會得到有用的資訊。

為何不更廣泛地使用中位數和眾數呢？

——不存在萬能的標準

仔細想想，平均值只能用在常態分布上。因為如果不是常態分布，平均值會大幅受到離群值的影響，這時就推薦使用**中位數**。即使存在離群值，中位數仍位於資料的「正中間」，具有穩健的特性，不太會出現大幅度的偏離，堪稱是非常理想的代表值。

不僅如此，在常態分布中，平均值也等於中位數。

說到這裡，可能有些人會覺得：「**那全都使用中位數不就好了？**」接下來我就要說明，為什麼不更廣泛地使用中位數？

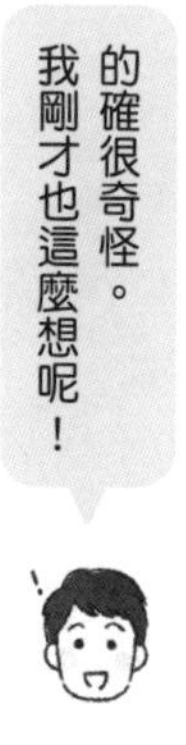
的確很奇怪。
我剛才也這麼想呢！

中位數的弱點在於變化！

中位數的優點是穩健，但這有時反而會造成反效果。

中位數的特色是資料不太容易變動，**而壞處就是對變化不敏感（難以掌握變化）**。

舉例來說，有5人的國語週末測驗成績分別是：

40分、50分、60分、70分、80分

這時，平均值（=平均分數）為60分；作為正中間資料的中位數一樣是60分。

然而，假設這5名學生經過學習，下次週末測驗的分數變成：

45分、55分、60分、75分、85分

這時，平均值就變為64分，可以確實捕捉到這4分的變化和學生努力的痕跡；反觀中位數會如何呢……？

奇怪？中位數一樣還是60分……

沒錯，中位數的優點「穩健性」在這裡反而成了問題。由此可以看出，中位數難以掌握細微的變化。

眾數在有大量資料時才發揮作用

另一個問題是眾數。一般統計學書上，只會說明眾數為三個代表值之一，卻很少談到什麼時候可以使用眾數？

眾數難用的理由之一在於，**如果資料沒有超過一定數量，實際上完全派不上用場**。舉例來說，大約30人進行的測驗，恰好有3人的成績是65分或47分，在這種情況下得到的眾數，更有可能是偶然下的產物。

這時，就不應以1分來劃分，而要分為幾個區間（統計學中稱為「組」）來找出眾數。

不過，有時會像98頁的睡眠時間圖一樣，**眾數會依劃分方式而改變**。

所以什麼時候才能使用眾數啊～

■光是「未滿、以下」的差異，就有改變眾數的危險性！

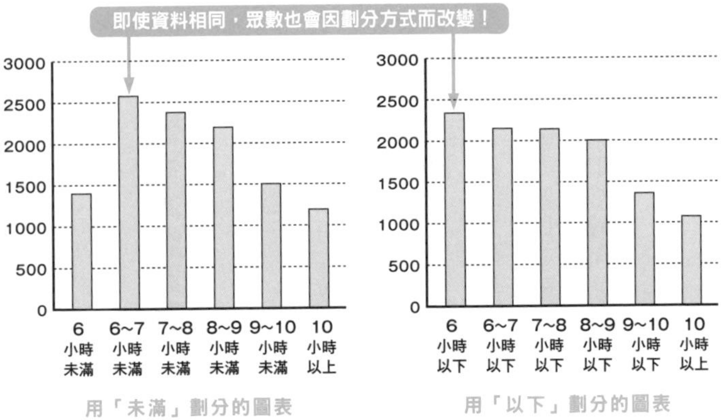

A公司員工的睡眠時間

使用眾數的情況包括這2種：

❶具有一定數量的資料。

❷不受分組方法的影響。

在檢視員工的通勤和遲到時間上，眾數就能派上用場。比起平均值或中位數，使用眾數更容易掌握這些實際情況。

破解密碼時只能用眾數

眾數還有一個唯一且特殊的使用情況——破解密碼。

英語中，字母出現的頻率有很大的差異。根據統計得知，e約占13%、t約占9%、a和o約占8%。以眾數分析字母

■3個代表值的優缺點

平均值	優點	所有資料均反映在平均值上。
	缺點	當存在離群值（極端值資料）時， 很容易受到影響。
中位數	優點	具有穩健性，幾乎不受離群值 （極端值資料）的影響。
	缺點	對資料變化不敏感（穩健性的缺點）。
眾數	優點	不易受離群值（極端值資料）的影響。
	缺點	資料量不多時難以使用， 且結果可能因區間寬度（組）而異。

根據目的，
選擇使用哪一種
代表值吧！

出現頻率，不僅可以破解密碼，甚至還能推測文章作者是誰。

綜上所述，平均值、中位數、眾數雖同為資料代表值，也是優秀的分析工具，但都**無法完全適用於所有情況**，意即不存在萬能的標準。

懂得怎麼選用合適的工具，也是學習並運用統計學時所需的智慧和判斷力。

Column

預測孩子的身高和成績

我曾經在報紙的諮詢專欄看過這個問題。

「當孩子取得比平時好很多的成績時，我會稱讚孩子很努力；可是一旦下次考試成績下降、又回到原點，我就會很失望。

相反地，當孩子的成績比平時差很多時，我會狠狠地訓一頓；但這麼一來，下次考試就會恢復正常、取得符合水準的成績。

身為父母，是不是不能太寵孩子，應該嚴格訓斥呢？這件事讓我很煩惱……」

稱讚？訓斥？如果是你會怎麼判斷呢？

這裡的重點有2個。

其一是不跟相反模式進行比較，意即不和「成績好時訓斥、成績差時稱讚」的情況進行比較。這樣的情況很不自然，進行這種比較根本不切實際。

其二，情況要是比平時「好很多／差很多」之下。每個人的狀況本就起伏不定、有差異性，小幅度的起伏都還在理解範圍內。

根據諾貝爾經濟學獎得主丹尼爾・康納曼（Daniel Kahneman）所述，以色列空軍也有類似的情況。

訓練教官稱讚表現比平時好很多的飛行員後，下次就會恢復成一般水準；相反地，訓練教官斥責表現比平時差很多的飛行員後，下次的表現就會回歸正常……

但真正的問題不是出在教官的反應上，而是「表現比平時好很多／差很多」。

統計學中，此稱為「**均值迴歸**（regression to the mean）」，迴歸意即回復原狀。為英國生物學家和統計學家法蘭西斯・高爾頓（Francis Galton，1822～1911）在一八七七年首次發現的現象。

當時達爾文的進化論十分盛行，人們相信「高個子父母生下的孩子也是高個子」、「出生在天才家庭的孩子也會成為天才」等說法（順帶一提，高爾頓是達爾文的親戚）。

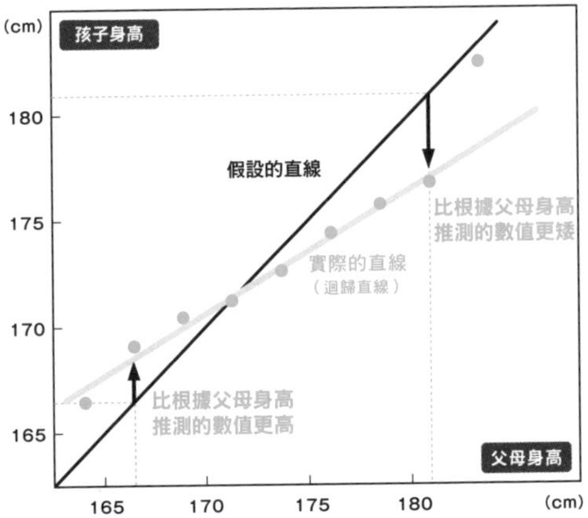
(cm)
孩子身高
180
175
170
165
假設的直線
實際的直線
（迴歸直線）
比根據父母身高
推測的數值更矮
比根據父母身高
推測的數值更高
父母身高
165
170
175
180
(cm)

高爾頓認為，即使父母的特徵遺傳給子女，也不會造成如此大的影響，於是他開始調查父母和子女的身高。

從上圖可以看出，高個子父母生下的孩子確實也是高個子，但仔細觀察就會發現一個有趣的現象。

實際上，高個子父母生下的孩子，身高會比預期更接近平均值；矮個子父母生下的孩子，身高也會比預期更接近平均值。

這種差距逐漸縮小的現象，高爾頓就稱為均值迴歸。

前面提到的考試成績也是一樣。將成績優異的人聚集起來，其中有些人會取得比平時好很多的成績，但下次成績就可能稍微下降（均值迴歸）。

附帶一提，統計學中有一種強大的分析工具「**迴歸分析**」，其中「迴歸」一詞就是源自於回歸到平均之意。

第2章總結

□ 從眾多的真實數據（代表值）中找出自己需要的「事實」非常重要。

□ 表示「正中間」或「標準」的代表值有3個，分別是平均值、中位數和眾數。

□ 3個代表值的特性不同，需根據用途來區分使用。

□ 解讀資料時，沒有萬能的標準。

□ 平均值有時未必代表「一般」。

□ 試著挑戰預測股價和破解密碼。

第 3 章

常態分布
可以用在哪裡？

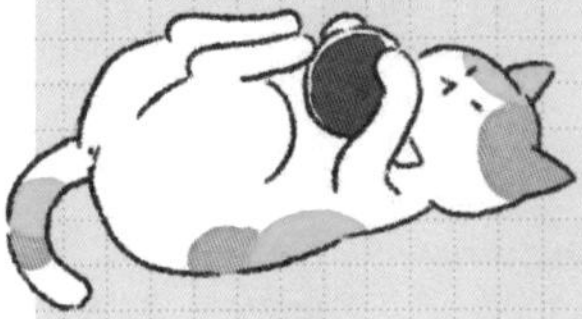

從彈珠台誕生的常態分布

——統計學中最著名的分布

有一台釘子密布的彈珠台，當彈珠從正上方落下時，彈珠每次碰到釘子都會往左右兩邊改變掉落方向。掉往兩邊的機率同為½，完全取決於巧合，過程不受任何意志影響，這一點非常重要。

如果只考慮一顆彈珠往哪個方向掉落，其落下位置只有老天爺才知道、無人可以知曉；然而，如果大量彈珠連續落下，可以發現絕大多數都會落在正下方，一部分落在中間的兩側，愈往外側落下的彈珠愈少。

這種分布狀況就稱為**二項分布**，名字就起源於這種二選一的情況。

二項分布雖然結果分為2項，但分布未必各占50％。即使右邊的機率80％、左邊的機率20％，依然稱為二項分布。

■彈珠台的結果會形成二項分布

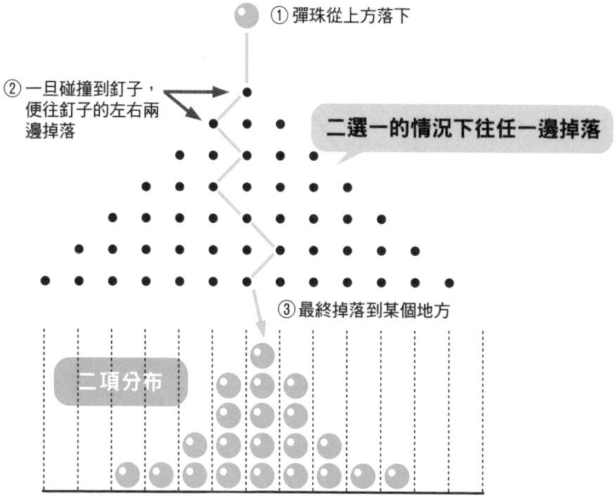
①彈珠從上方落下
②一旦碰撞到釘子，便往釘子的左右兩邊掉落
二選一的情況下往任一邊掉落
③最終掉落到某個地方
二項分布

「掌握彈珠運動就能掌握統計學！」

當彈珠的數量增加到上千甚至上萬顆時，二項分布將趨近於左右平衡，呈現近似完美的鐘型分布，這就是**常態分布**。

當投下100顆彈珠，其中30顆落在A處、17顆落在B處，就可以「A處30%、B處17%」這種掉落機率來表示。

這種以機率而非實數來表示的分布，稱為**機率分布**。

完美的鐘型就是常態分布啊～

進行統計（收集資料）時，會發現存在

■彈珠數量增加，就會從二項分布變成常態分布

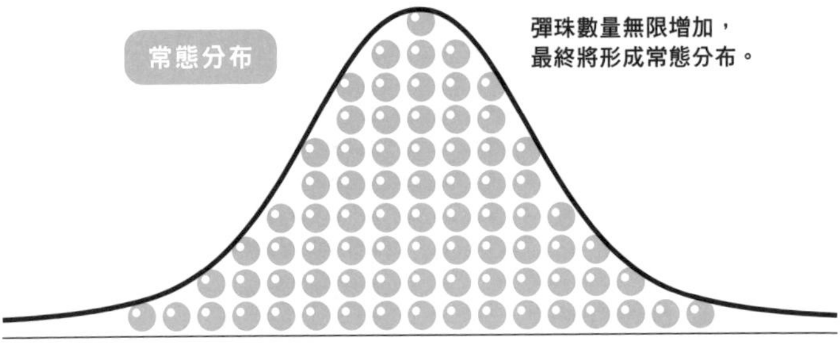
常態分布
彈珠數量無限增加，
最終將形成常態分布。

著各種分布，但經常使用的仍是常態分布。

在這種情況下，一般也是以機率分布來表示，而非實數。

因此，**充分瞭解常態分布的特徵，可以說是讓統計學變強的祕訣**。

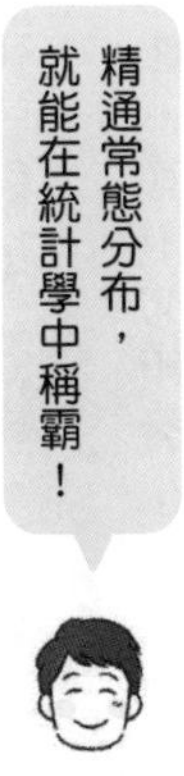
精通常態分布，
就能在統計學中稱霸！

常態分布非常方便好用

——捕捉世上所有的差異

常態分布的「常態」，乍聽會讓人有點難以理解，但其實就是常見或隨處可見之意。

實際上，我們周遭許多資料都呈現常態分布，如：身高等。

高中三年級男生的平均身高約為170公分，因此身高在170公分左右的學生最多，比這個身高略高或略矮的學生會少一點，再高或再矮一些的學生又更少……形成了左右對稱的分布，這就是**常態分布**。

但要注意的是，即使平均身高是170公分，也不代表每個人都是170公分，而是有著各種身高。

■世上的任何事物都有差異

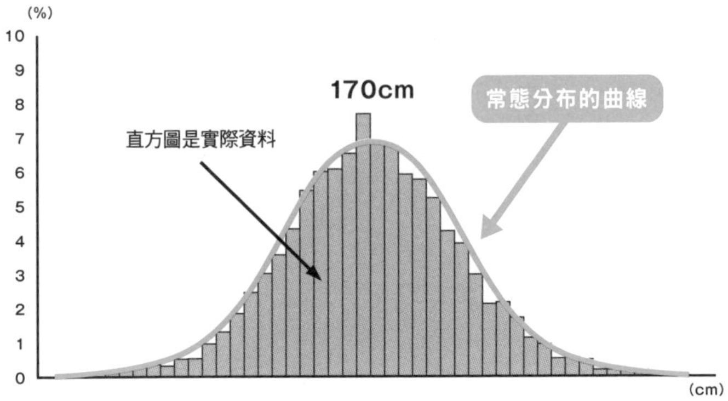
(%)
10
9
8
7
6
5
4
3
2
1
0
170cm
常態分布的曲線
直方圖是實際資料
(cm)

根據學校保健統計調查（2017年度）製作

事實上，若所有資料都一樣，就沒辦法進行分析了；因此**對統計學來說，資料具有差異是一件值得慶幸的事**。

大多數情況下，身高是以平均值為中心，存在一定程度的差異。由此可見，**世上所有事物都存在差異**。

再次重申一次，差異（資料的範圍）是統計學中最重要的觀點，統計學就是根據資料的差異程度來進行各種分析的。

只要存在些微差異，就能以常態分布呈現

除了身高之外，還有其他常態分布的例子嗎？

有的，像養雞業生產的雞蛋也是一例。雞蛋的平均重量為60公克，但雞生產出來本就各有差異。

平均重量60公克下，重量在60公克上下（59～61公克）的雞蛋會產下最多，其次是61～62公克和58～59公克的雞蛋……最後應該會呈現近似人類身高的常態分布圖（附帶一提，人類的體重不呈常態分布）。

工業產品也是如此。縱然製造工廠設定釘子的標準長度為10公分，也不代表可以製造出恰好長10公分的釘子。即使是最先進的機器所製造，也會出現若干差異。

當然，工業產品的差異不像人類身高或雞蛋重量那麼大，但也不可能毫無差別。

這世上的任何事物，在大小、重量、長度等方面都不可能完全一致，總會出現略大或略小的差異。

統計學就是利用這些差異來進行各種分析；而從差異中可得知各種資訊，正是統計學的有趣之處。

統計學上就稱這些差異程度為**標準差**（或**變異數**）。

順帶一提，許多人可能認為常態分布只有一種形狀（常見的常態分布是人類創造出來作為標準的，稱為**標準常態分布**）。

然而，見113頁的圖就能發現，人類身高的常態分布形狀較寬；雞蛋重量有L、M、S等規格，差異沒那麼大，故寬度稍微縮小；釘子為工業產品，差異在三者中是最小的。

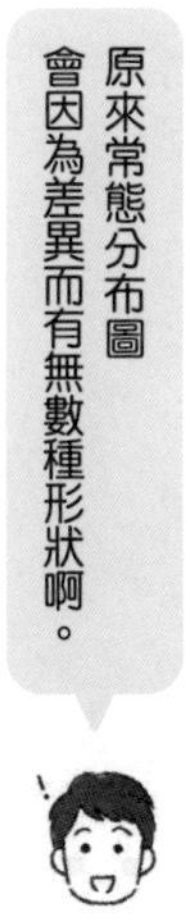
原來常態分布圖
會因為差異而有無數種形狀啊。

■各種常態分布的形狀

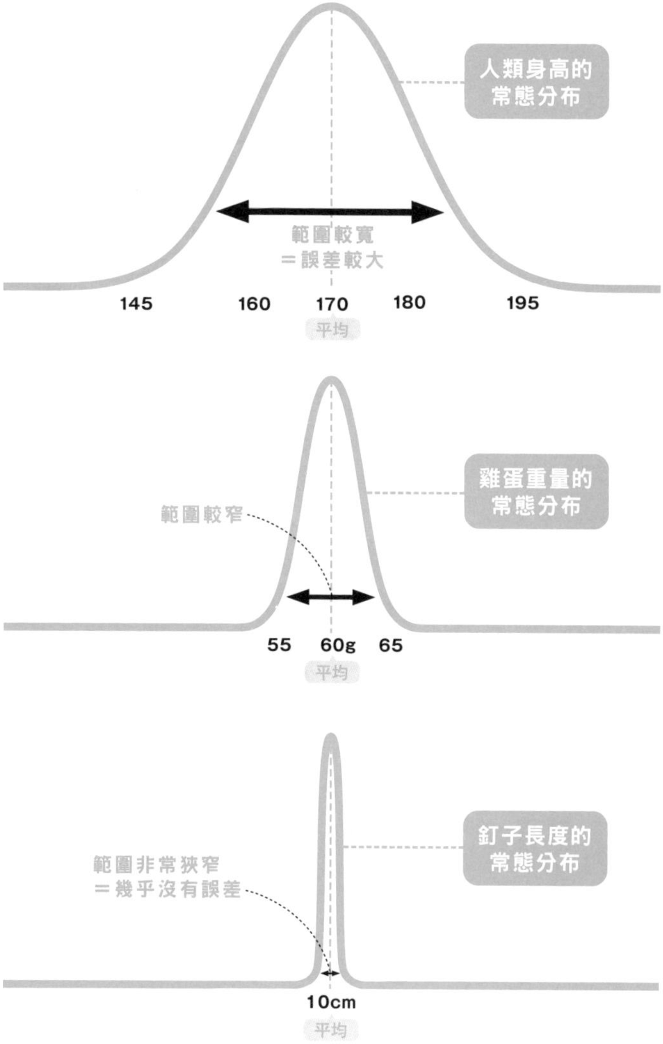
人類身高的
常態分布
範圍較寬
＝誤差較大
145
160
170
180
195
平均
雞蛋重量的
常態分布
範圍較窄
55
60g
65
平均
釘子長度的
常態分布
範圍非常狹窄
＝幾乎沒有誤差
10cm
平均

常態分布的美妙特性

常態分布還有另一個重要特徵——不論其形狀如何，都具有共同性質。這也是進行統計學分析時，會使用常態分布的主要原因。

假設東京都立S高中三年級的男生中，A班平均身高為170公分，全班身高範圍落在153～182公分；B班平均身高也是170公分，但全班身高範圍落在150～190公分，那麼兩班的身高範圍（誤差）就會有所不同。

然而，根據常態分布的特徵，**平均值兩側一定範圍內，會包含同樣比例的男學生**。

前面已經提過，這個一定範圍就叫作**標準差**。

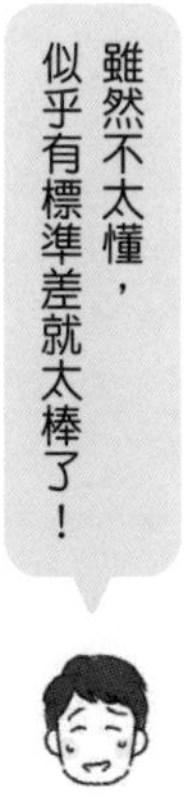
雖然不太懂，
似乎有標準差就太棒了！

假設在平均身高為170公分的常態分布中，標準差為3公分，則會有這樣的結果：

- **在平均170公分±3公分（±1個標準差）的範圍內約有68%的男學生**
- **在平均170公分±6公分（±2個標準差）的範圍內約有95%的男學生**
- **在平均170公分±9公分（±3個標準差）的範圍內約有99.7%的男學生**

這個特性對於任何形狀的常態分布都一樣（標準差的符號為σ，2個標準差為2σ、3個標準差為3σ；此例中，A班和B班的標準差不同）。

這樣的特性僅適用於常態分布的情況。統計學就是利用這個性質來進行各種分析的，故常態分布、平均值、標準差才會如此受到重視。

那就讓我見識一下有多好用吧……！

■任何形狀的常態分布都具備的特徵

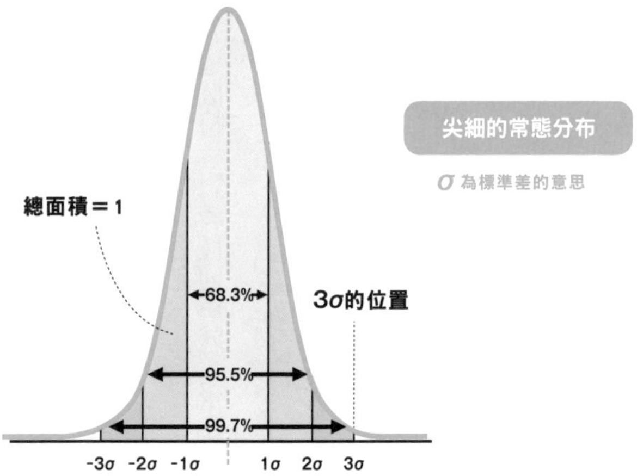
尖細的常態分布
σ 為標準差的意思
總面積＝1
68.3%
3σ的位置
95.5%
99.7%
-3σ -2σ -1σ 1σ 2σ 3σ

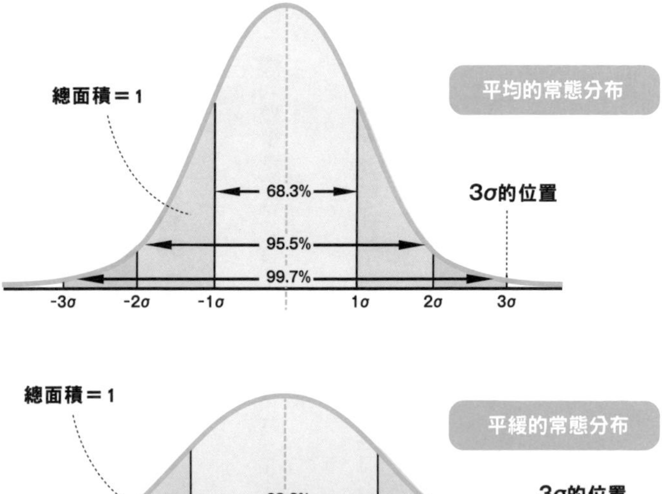
平均的常態分布
總面積＝1
68.3%
3σ的位置
95.5%
99.7%
-3σ -2σ -1σ 1σ 2σ 3σ

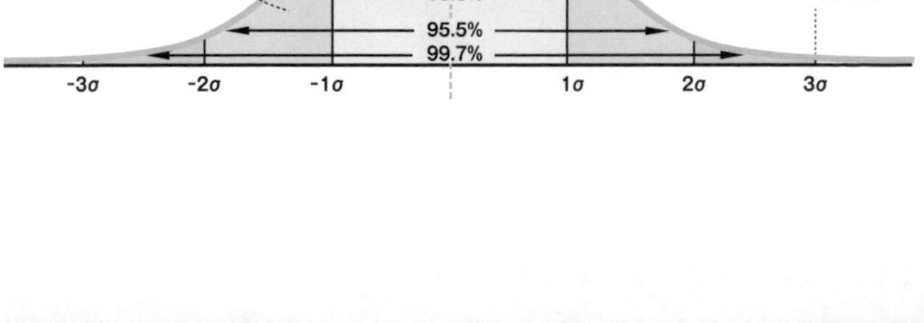
總面積＝1
平緩的常態分布
68.3%
3σ的位置
95.5%
99.7%
-3σ -2σ -1σ 1σ 2σ 3σ

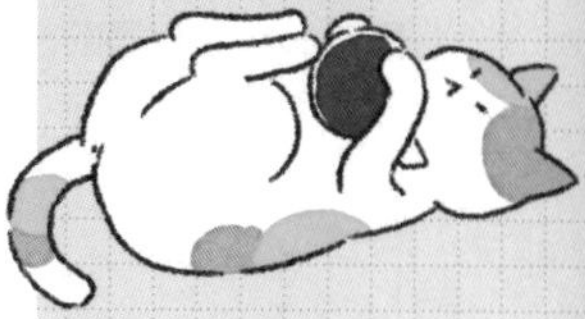

拆解常態分布

——常態分布＝標準差＋平均值

我們前一節談到常態分布、平均值和標準差很重要，這一節就將3種不同類型的常態分布（縱軸為機率，故為機率分布）排列在一起，讓大家觀察一下。

上排的常態分布，形狀相似，但左右位置不同。從橫軸可知，這是因為平均值不同，導致圖形往左右移動，但三者的形狀不變。

下排的常態分布又如何解釋呢？

3個圖形分別是尖細、平緩以及介於兩者之間的常態分布。這些形狀差異是由分散程度（誤差程度）所造成，而分散程度經過數值化就成了**標準差**。

換句話說，標準差代表距離平均值多遠囉！

■為何形狀相同的常態分布在橫軸上的位置不同？

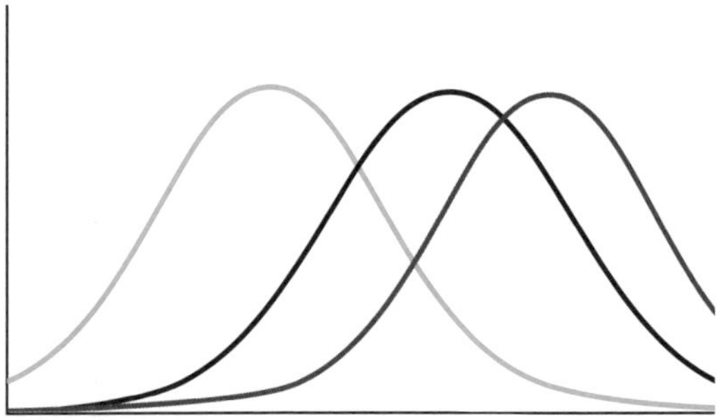

■常態分布為何會出現尖細或平緩的形狀？

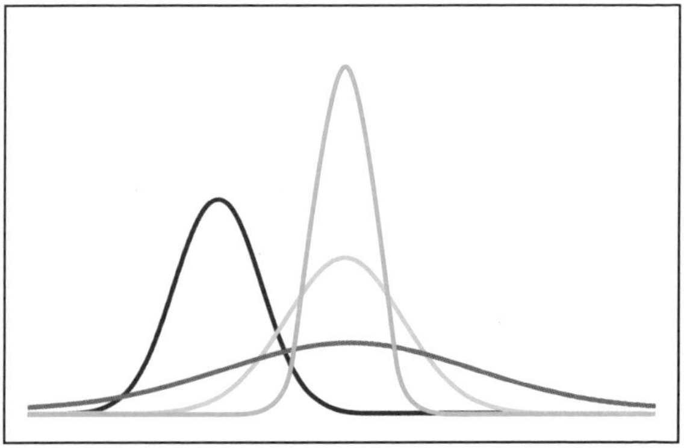

如何計算標準差

若要計算標準差，首先需計算出「變異數」。

假設某數學補習班公布了2個班級（皆7名學生）的成績。兩班的平均分數均為50分，但分數分布完全不同。

A班學生的成績分散在20～80分之間；B班學生則都是50分。若以數線呈現兩班7名學生的位置，可以看出完全不同。

單從平均分數來看，兩班學生都是50分，根本沒有差異；若想看出差異，就必須得知分散程度。而將**分散程度數值化**後，得到的就是**變異數**和**標準差**。

其實不需要兩個都記，因為它們本質上是一樣的。我個人認為標準差用起來更方便，所以比較常使用。

原來如此，意思是一樣的啊。

首先介紹計算方式。

因為要觀察的是分散程度，只需考慮「與平均值之間的距離」即可。我們計算Ａ班學生各自分數和平均分數（50分）的差，會得到-30、-20、-10、０、+10、+20、+30，全部加起來為「０分」……奇怪？把所有的差加起來竟然是０？

其實這是理所當然的結果。平均分數等同所有分數的重心，若將每個人的分數與平均分數的差都相加，一正一負相抵後，自然會得到０。但這麼一來，我們就永遠無法得出與平均值之間的距離。

因此，要先將各自分數和平均分數之間的差進行「平方」（平方後必定會得到正值），經加總成２８００後再除以７（人），這樣就能算出平均的分散程度了。透過這種方式計算出來的400，即為變異數。

■分布不同，平均分數卻相同？

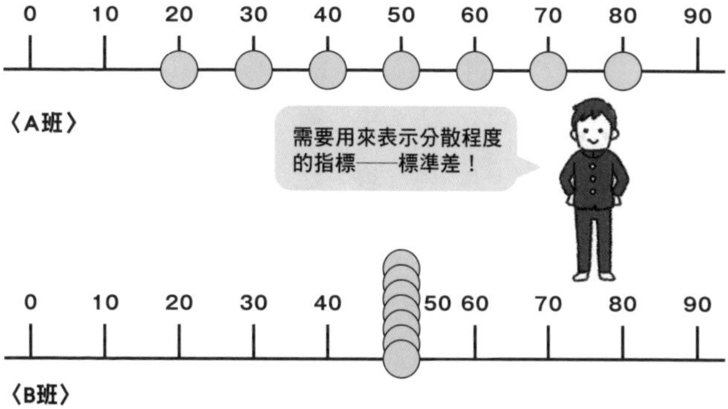
0
10
20
30
40
50
60
70
80
90
〈A班〉
需要用來表示分散程度的指標——標準差！
0
10
20
30
40
50
60
70
80
90
〈B班〉

7人的分數

20分 → (20－平均分)＝ -30分
30分 → (30－平均分)＝ -20分
40分 → (40－平均分)＝ -10分
50分 → (50－平均分)＝ 0分
50分 → (60－平均分)＝+10分
70分 → (70－平均分)＝+20分
80分 → (80－平均分)＝+30分

正負相抵！

平均 50分　　合計分數 0分

平均分數

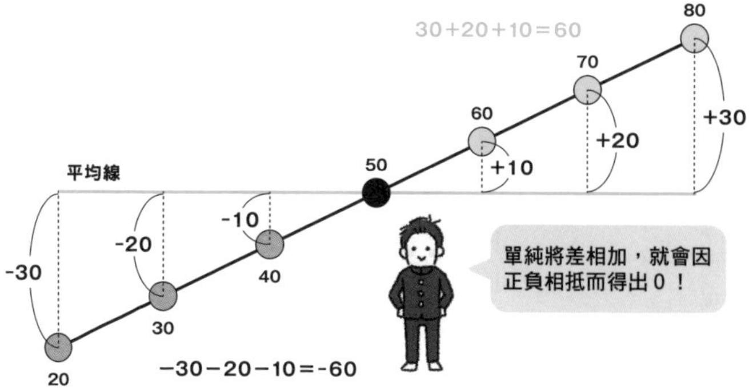
30+20+10=60
80
70
60
50
+30
+20
+10
平均線
-10
-20
-30
40
30
20
−30−20−10=-60
單純將差相加，就會因正負相抵而得出0！

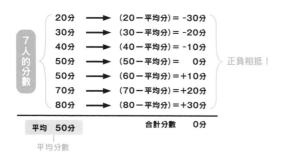

為什麼更推薦使用標準差？

——難以處理的變異數

雖然好不容易計算出變異數，但由於過程中經過平方計算，這會導致2個問題：

❶ **數值比原始資料大非常多。**

❷ **單位變得不同。**

原本討論的是「平均值50分下，20分～80分之間的分散情況（最多離平均值30分）」，得出的分散程度卻是400分。這個數字大得誇張了吧？我們想知道的是離平均值50分的分散程度，原本以為應該約15～20分，卻得到比預期大上10倍的數字。

關於第二點「單位不同」，又是什麼意思呢？

舉例來說，身高的單位為公分，但經過平方計算得出變異數，單位就變成了平方公分；換言之，身高的單位從長度變成了面積。若是重量單位「公克」，將會變成「g^2」

這個從未見過的單位。

在A班和B班的例子中，分數就會變成「分^2」這個不知所云的單位。

更容易使用的標準差

別擔心！

這裡會轉換成容易理解的數字，以淺顯易懂的方式進行說明。

由於一開始進行過平方計算，只要開根號即可恢復成原本的單位，也就是**標準差**。

將變異數400開根號，就會得出標準差＝20分。

分散程度為20分，這個數字看著比較合理吧。

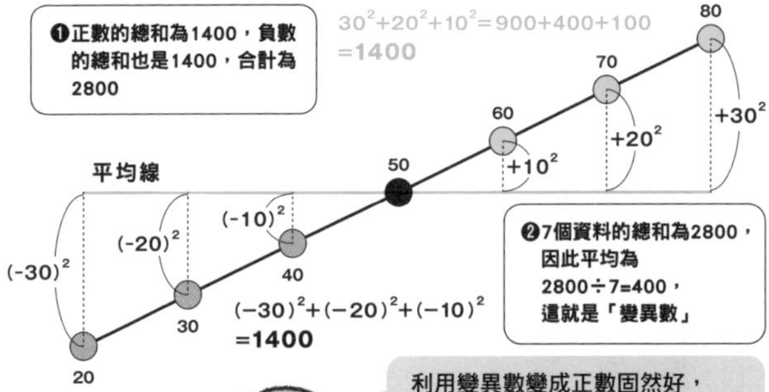
❶正數的總和為1400，負數的總和也是1400，合計為2800
$30^2+20^2+10^2=900+400+100$
$=1400$
80
70
60
50
40
30
20
$+30^2$
$+20^2$
$+10^2$
平均線
$(-10)^2$
$(-20)^2$
$(-30)^2$
$(-30)^2+(-20)^2+(-10)^2$
$=1400$
❷7個資料的總和為2800，因此平均為2800÷7=400，這就是「變異數」

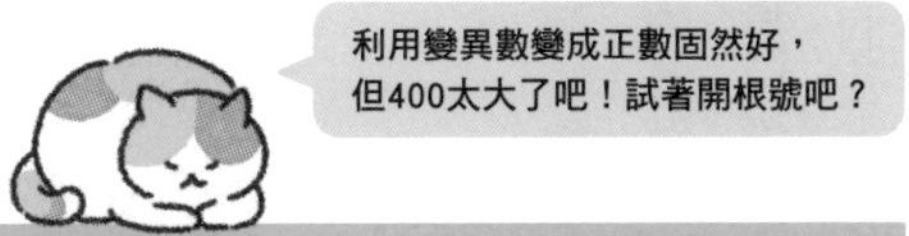
利用變異數變成正數固然好，
但400太大了吧！試著開根號吧？

$$標準差=\sqrt{變異數}=\sqrt{400}=20$$

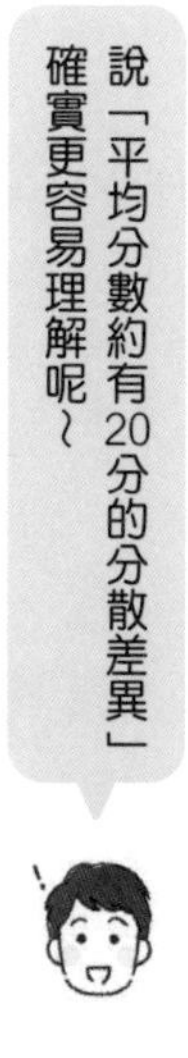
說「平均分數約有20分的分散差異」
確實更容易理解呢～

如字面意思，標準差意即將所有資料的偏差標準化（平均化）。

一般而言，數學考試的分數差異很大，範圍會落在0～100分之間；而分散程度大，標準差也會變大。這種情況下，常態分布會呈現寬廣且平緩的形狀（見116頁最下圖）。

反之，作文考試出現0分或100分的情況很少，大部分都會拿到一定的分數。分散程度小、標準差較小的情況下，常態分布就會呈現尖細的形狀（見116頁最上圖）。

這裡再說明一遍115頁提過的重要特點：

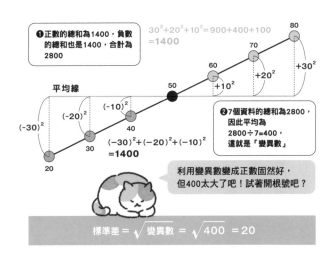

1. **約68％的資料落在離平均值±1個標準差的範圍內**
2. **約95％的資料落在離平均值±2個標準差的範圍內**
3. **約99．7％的資料落在離平均值±3個標準差的範圍內**

換言之，無論平均值或標準差多少、最終會呈現什麼形狀的常態分布，這三個結果都不會改變。

統計學就是利用常態分布的這種性質來建立各種假設，進而以**假設檢定**導出作為結果的**證據**。

假設檢定非常重要，並有著獨特的邏輯，我會放在另一章探討。

接下來，我將大致介紹如何應用常態分布。

建立假設並驗證
在商業上似乎很有幫助呢！

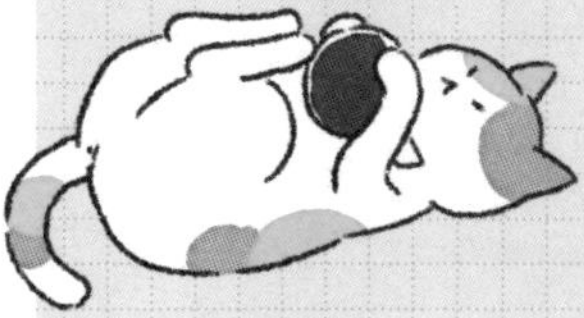

誰才是最優秀的員工？

——也能比較能力不同的人

這裡是位於澀谷區的AI快速成長企業X公司。

X公司有2個強項：

其一是AI技術實力，代表人物是研發部的A小姐。A小姐在程式設計能力、企劃能力、產品開發速度、團隊指導能力等方面，無人能出其右。

其二是業務能力，代表人物是業務部的B先生。由於是AI公司，技術能力當然不可或缺，但同時還必須具備將產品和服務靈活推廣到各行各業的能力，尤其對於像X公司這種剛成立的新創企業來說更是如此。X公司的快速成長，可以說離不開B先生的貢獻。

■研發部與業務部的貢獻度圖

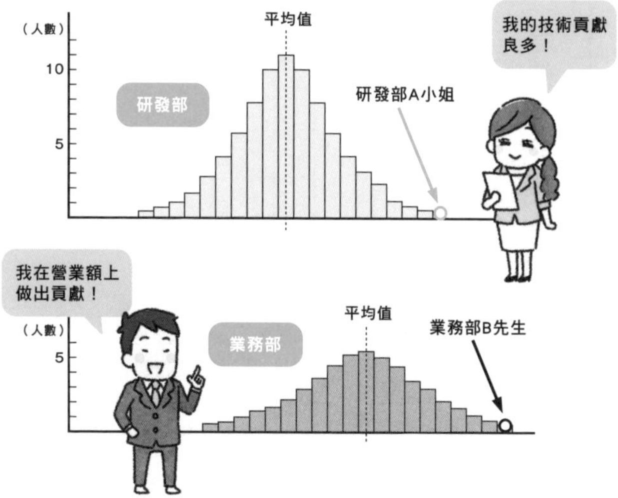

「MVP究竟獎落誰家？」

某天，X公司決定選出年度最優秀員工（MVP）。由A小姐和B先生兩位候選人角逐這個獎項，但這兩個人的工作內容和評鑑方式都大不相同。（看上面的兩張圖，業務部的整體評價好像比較寬鬆？）

當然，A小姐和B先生都是相當優秀的員工，兩個人都擁有大量支持者，希望能以公平的方式選出得獎者。若以投票的方式決定，考量到研發部的員工人數較多，在人氣投票上占有優勢，這麼做可能會引起業務部的不滿。

■ 1 在圖上描繪常態分布的曲線

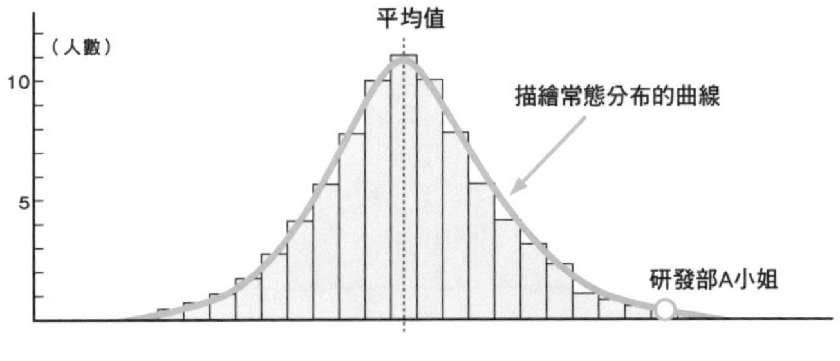
平均值
（人數）
10
5
描繪常態分布的曲線
研發部A小姐

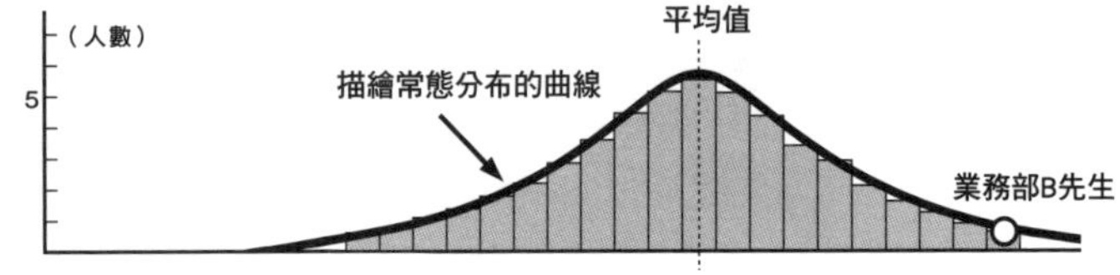
平均值
（人數）
5
描繪常態分布的曲線
業務部B先生

那麼問題來了。

資料問題

若希望根據「對公司的貢獻」來選擇MVP，A小姐和B先生哪個更實至名歸呢？

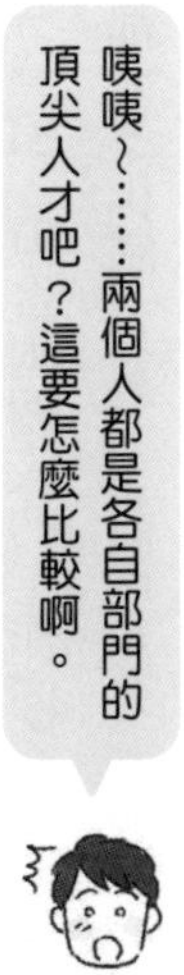
咦咦～……兩個人都是各自部門的頂尖人才吧？這要怎麼比較啊。

127頁圖表顯示了A小姐和B先生在研發部與業務部的位置。兩人都成績優異，並在各自部門中展現出卓越的貢獻度。

難以比較的問題，就出在這是兩個不同

■ ②對齊平均值的位置

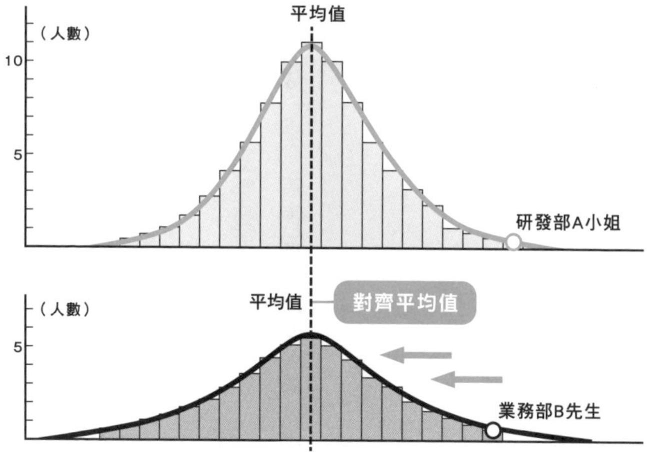

的圖形。若將這兩張圖轉換成相同形狀的常態分布圖，即可判定出誰的貢獻度更大。

那麼該怎麼做呢？

①描繪常態分布的曲線

觀察127頁兩張圖，看起來很接近常態分布，先將常態分布曲線描繪在這兩張圖上（參照128頁的圖①）。

②對齊平均值的位置

要使常態分布圖一致，這兩步是關鍵：

①對齊平均值

②對齊標準差（範圍）

如圖②所示，對齊兩張圖的平均值。

業務部的平均分數較高，只需將業務部的圖向左移，就解決平均值差異了。

❸ 對齊圖形的高度（標準差）

接著要如何處理標準差的差異呢？標準差不同會影響到常態分布的形狀，而形狀差異包括高度和寬度。

因此，首先要調整高度（圖❸）。

❹ 對齊寬度

接下來，調整寬度（圖❹）。

這樣一來，兩張圖就轉換成形狀相同的常態分布圖了（圖❹）。

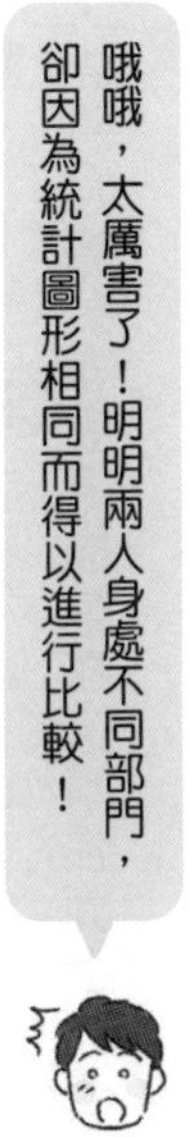
哦哦，太厲害了！明明兩人身處不同部門，卻因為統計圖形相同而得以進行比較！

沒錯，觀察調整寬度後的圖❹，答案似乎呼之欲出了。

研發部A小姐的分數，落在比業務部B先生還高的位置。因此，正確答案是**選擇研發部A小姐為MVP**。

■ ③對齊圖形的高度

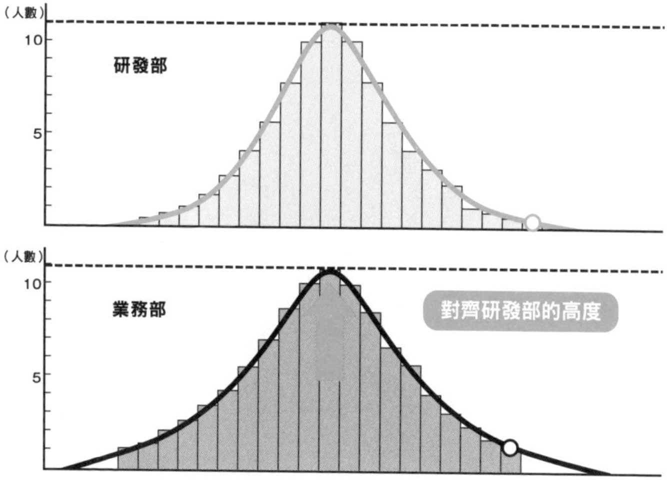

■ ④對齊寬度

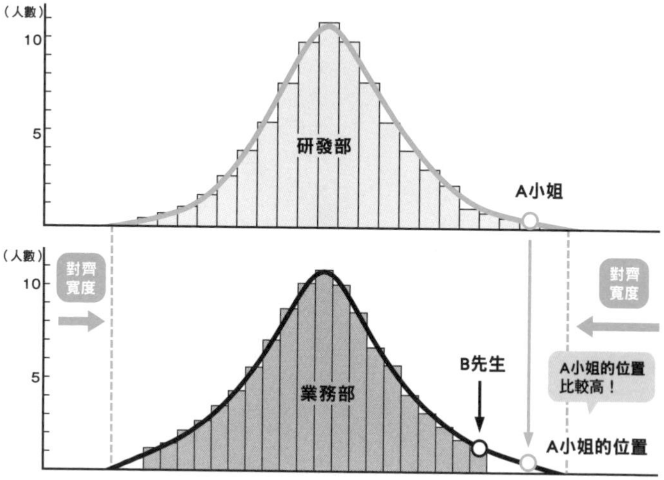

偏差值和IQ都是調整標準差後得到的數值
——標準常態分布的變形版本

如前所述，即使是兩組性質迥異的資料，仍然可以進行比較。

這一節我們就以考試為例，試著比較看看。

假設A同學的英文成績為80分，B同學的數學成績為70分。照理來說，這兩個分數是不可能拿來比較的，畢竟是完全不同的科目。

如果光看分數，A同學的英語成績80分當然比較高，但說不定其實是這次的英語考試非常簡單，平均分數就是80分，那A同學的分數就不特別了。

相對地，若這次數學考試的難度很高，B同學的70分是最高分的話，就應該得到更高的評價（相對評價）。

在這種情況下（如上一節的例子所示），**只要得知平均分數和標準差，就可以比較這兩組不同的資料**。

同樣地，公司內部舉辦比賽時，也可以將釣魚與射擊比賽的獲勝者拿來比較。不過前提是兩組都要有一定程度的人數，而且能力上沒什麼差異。

由此看來，常態分布不僅有助於處理一組資料，在比較兩組以上性質不同的資料時，也是非常客觀有用的工具。

可以從各種角度進行比較，
太厲害了。

但是，每次都要調整兩個圖形也非常麻煩，從一開始就決定一個標準不是更好嗎？

因此，常態分布中建立了平均值為0、標準差為1的**標準常態分布**。

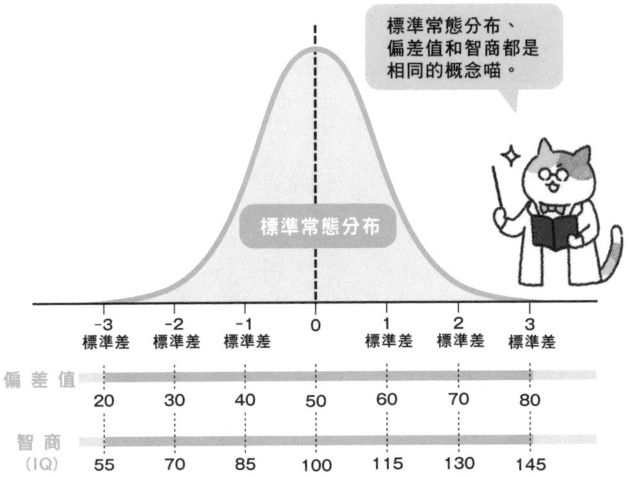
標準常態分布、
偏差值和智商都是
相同的概念喵。
標準常態分布
-3 標準差
-2 標準差
-1 標準差
0
1 標準差
2 標準差
3 標準差
偏差值
20
30
40
50
60
70
80
智商（IQ）
55
70
85
100
115
130
145

偏差值和智商也是相同概念

不知道各位有沒有注意到，常態分布跟某個東西很類似？

沒錯，那就是可以瞭解自身學力的**偏差值**。將自己的分數和平均分數之間的差除以標準差，即可計算出偏差值（以平均＝50分來計算）；換言之，它只不過是稍微經過變形的標準常態分布。

另外，**智商（IQ）**也是根據標準差計算出來的（以平均＝100來計算）。

著名的腦科學家中野信子女士在歐洲求學時，曾出於興趣加入門薩組織

（MENSA），據說入會門檻就是智商必須為世界前2%。

眾所周知，被金氏世界紀錄認定擁有最高智商的人，是美國的瑪麗蓮・沃斯・莎凡特（Marilyn vos Savant）女士。據說她的IQ高達228，不過她本人似乎認為智商牽涉到各種因素，單憑智力測驗來衡量智商等級毫無意義。

聚集了一群才華洋溢的天才啊。

我也想說出
這麼帥氣的話啦……！

順帶一提，用智力測驗評估智商的做法引發各種爭議，在瑪麗蓮之後，金氏世界紀錄中的這個項目便取消了。

如果不是常態分布該怎麼辦？

——活躍的K線

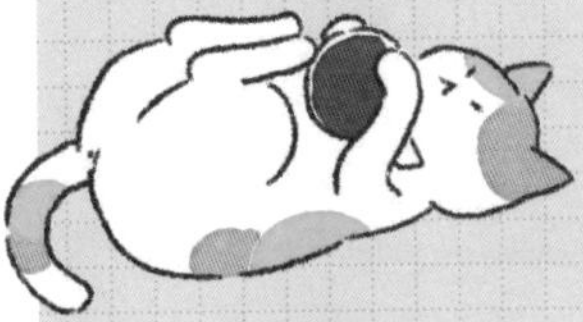

常態分布固然方便，但現實中存在著許多非常態分布，因此必須考慮結合平均值和標準差以外的工具。

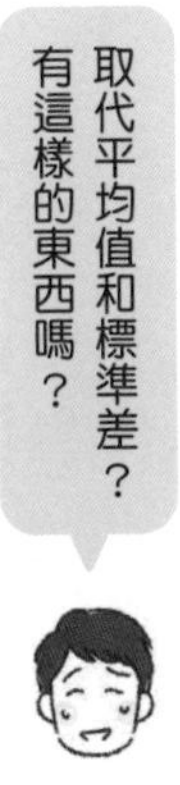
取代平均值和標準差？
有這樣的東西嗎？

有的。即使不是常態分布、並非左右對稱，仍會有一個總是位於整體資料正中間的代表值——中位數！

若存在一個巨大的資料（離群值），平均值就會受到極大影響，但換成中位數就不必擔心出現太大變動。

■若非常態分布，就改用中位數和四分位距

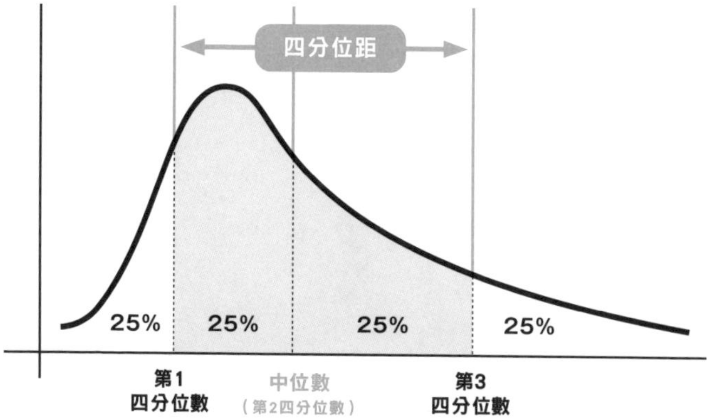
四分位距
25%
25%
25%
25%
第1
四分位數
中位數
（第2四分位數）
第3
四分位數

中位數的值不會因為少數資料而出現大幅變化，具有很強的穩健性。

因此，**於非常態分布，或者無法確定是否為常態分布的情況，應該改而利用中位數，而不是平均值。**

「利用¼區間掌握分散程度」

既然找到可以使用中位數的目標，那麼有什麼東西可以取代標準差呢？

沒有的話，創造一個新的就好！

又不是說出「沒麵包吃那就讓他們吃蛋糕」這種話的瑪麗·安東妮（笑）。

■從資料中選出中位數和四分位數

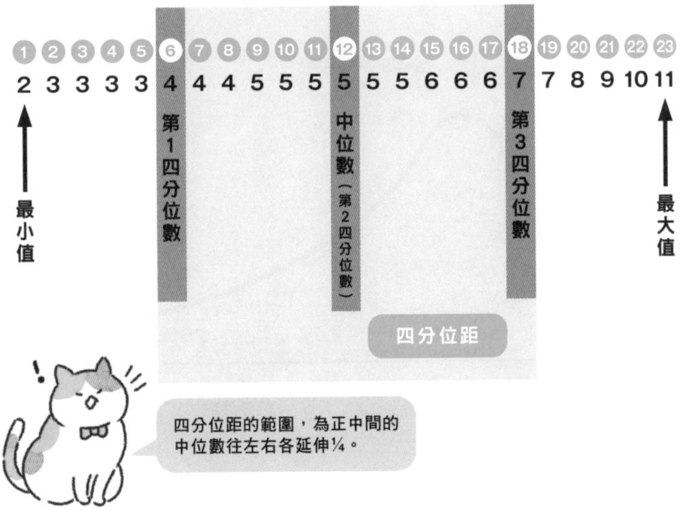

1 2 3 4 5 6 7 8 9 10 11 12 13 14 15 16 17 18 19 20 21 22 23
2 3 3 3 3 4 4 4 5 5 5 5 5 5 6 6 6 7 7 8 9 10 11
最小值
第1四分位數
中位數（第2四分位數）
第3四分位數
最大值
四分位距
四分位距的範圍，為正中間的中位數往左右各延伸¼。

新創造出來類似中位數的值，稱為**四分位距**。顧名思義，四分位距是將整份資料分成四等分；中位數是資料由小到大排列時恰好位於正中間的資料。也就是說，中位數位於將整個資料分成兩等分的地方。

相對地，介於最小資料和中位數中間的資料稱為「第1四分位數」（參照上圖），這相當於整體資料的¼位置。

同樣地，中位數與最大值正中間的資料是「第3四分位數」；還有一個「第2四分位數」，它和中位數是相同的資料。

換言之，**表示資料分散程度的四分位距，範圍落在第1四分位數到第3四分位數；整體資料的50%都集中在四分位距內。**

來繪製盒鬚圖吧！

為了瞭解分布的特徵，我們可以描繪所謂的「盒鬚圖」。如下一頁的圖所示，盒鬚圖有垂直和水平兩種形式。

以垂直盒鬚圖來說，盒子下方的線是第1四分位數，上方的線是第3四分位數，盒內的線是中位數（第2四分位數），盒子內包含了50%的資料。

盒子上下分別延伸出宛如鬍鬚的線，下面線的末端是最小值、上面線的末端是最大值。附帶一提，有些盒鬚圖的末端不會畫出橫線。

繪製盒鬚圖，就能看出小資料比例較多的分布，或者是否存在接近離群值的資料（有時會單獨呈現離群值）。還有，如果延伸盒鬚圖的各個四分位數、最大值和最小值，也能看出原始分布圖的大致形狀。

話說回來，大家不覺得盒鬚圖……好像似曾相識嗎？

■繪製垂直的盒鬚圖

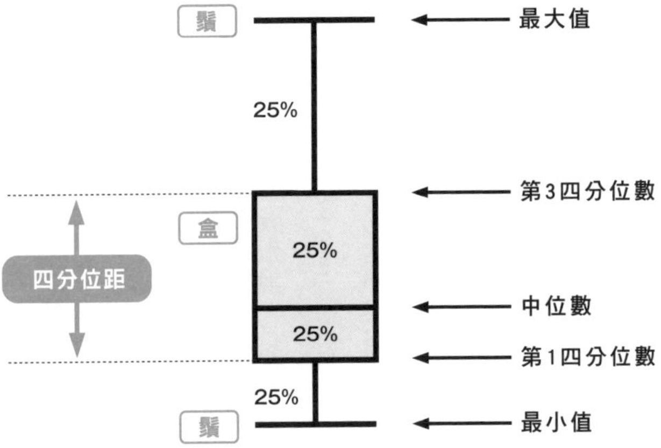

■水平的盒鬚圖與原始分布

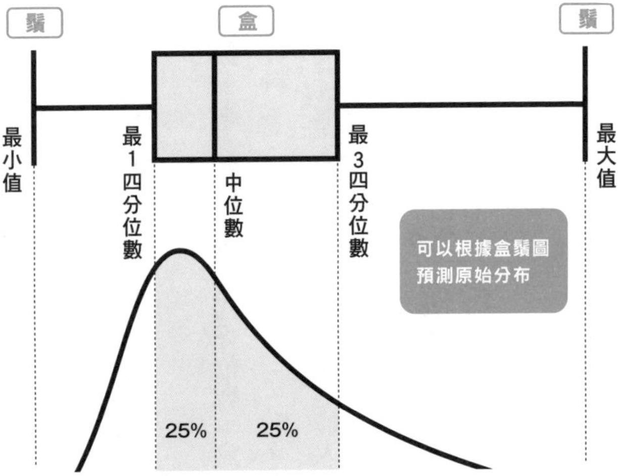

■K線的陽線和陰線

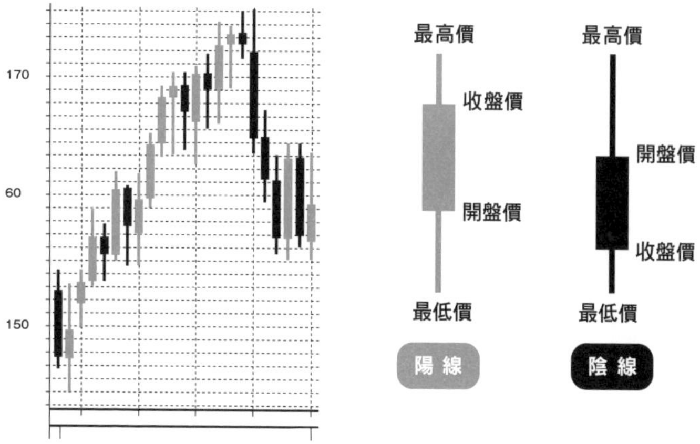
170
60
150
最高價
收盤價
開盤價
最低價
陽線
最高價
開盤價
收盤價
最低價
陰線

唔，感覺似乎在哪裡見過……

應該有看過才對。閱讀報紙的股價欄時，可以看見上面的K線（圖），盒鬚圖不就跟K線圖如出一轍嗎？

啊啊，對哦！股價圖！

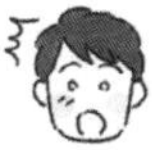

這也是理所當然的，因為股價圖原本就是從日本的K線獲得靈感而創造出來的。

收盤價高於開盤價的是陽線，收盤價低於開盤價的是陰線，以顏色來呈現兩者的差異。鬍鬚末端顯示的，則是當日的最高價和最低價。

K線是江戶時代的白米商人本間宗久

（一七二四～一八〇三）所發明，用來記錄大阪和堂島的米市行情。現在世界各地與股市相關的人士，都在使用K線（圖）來關注股價的波動。

哦。原來是起源於日本，真令人驚訝。

對金錢特別敏感的人們每天都在使用，這件事本身就足以證明盒鬚圖的實用性。

Column

鬼腳圖其實不公平？「中獎機率」並不相同？

除了猜拳之外，由多人決定事情時，通常會利用「鬼腳圖」。但鬼腳圖真的公平嗎？

假設你所居住的公寓需要選出自治會的職務，大家決定以鬼腳圖從7人中選出會長，可你一點也不想擔任這個職務。這時問題來了。

統計學問題

如下一頁的圖所示，如果不想「中獎」的話，應該選哪個位置比較好？

1 左邊……嗎？

■選擇哪個位置？

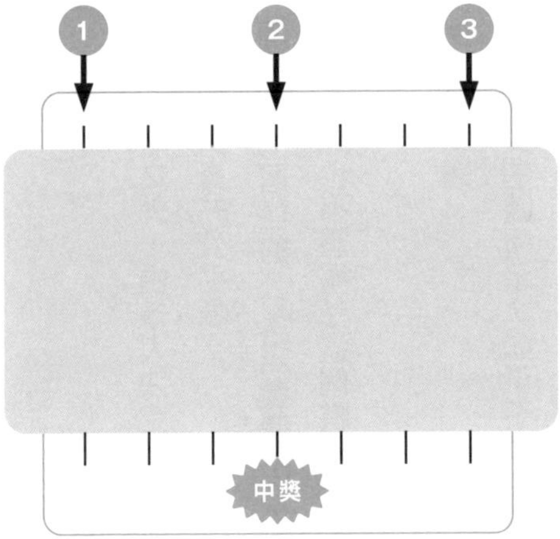

❷ 正中間！

❸ 不，右邊才安全！

當鬼腳圖上有7種選擇時，中獎正上方的選項其實有超過$\frac{1}{7}$的機率會中，並不是純粹的「巧合」。因此很遺憾，選擇❷的人，成為下一屆會長的可能性非常大。

鬼腳圖中，如果橫線不多，結果通常會落在正下方附近。

隨著橫線增加，結果會逐漸平均落在其他地方，但實際抽籤時只會畫幾條橫線，所以落在選擇位置正下方附近的可能性非常高。

利用鬼腳圖決定任務時，如果想中獎

■ 橫線愈少，「正上方」就愈容易中獎

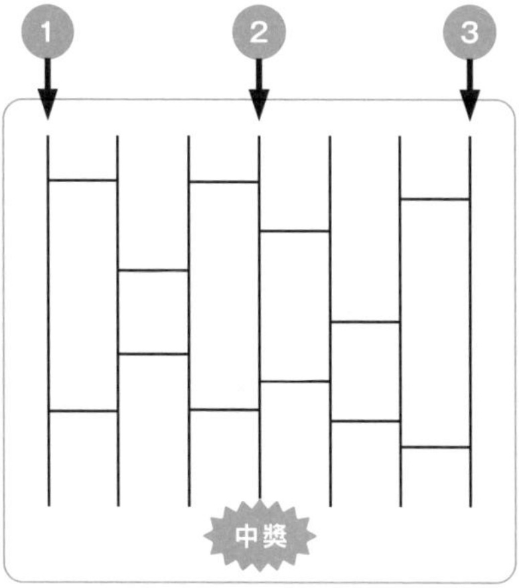

的話，就選擇靠近中獎正上方的位置；如果不想中獎，就選擇盡量遠離中獎位置的地方比較好。

使用統計學克服「無法預測的地震」！

近年來，日本持續遭受自然災害的威脅，包括震度6級的大地震、20公尺高的海嘯，甚至有傳言說富士山有可能爆發。特別是每次經歷大地震之後，人們在感到渺小無力的同時，也迫切希望能夠實現「地震預測」。

這邊所說的地震預測，並非「一年內在日本某處將發生震度3以上的地震」這種籠統的內容，而是「一週內在近畿地區南部將發生震度7級的地震」這般具體。

然而，成立於一九六九年的地震預測協調委員會，卻未能預測到東日本大地震，並在隔年的二〇一二年十一月宣布「地震預測有其難度」。以目前的科學知識，不可能做到高度準確的預測。

不過，有一群人從不同以往的領域研究地震預測，這個領域就是「統計學」。簡單來說，就是利用統計學調查地震發生的機率。目前團隊在統計數理研究所的尾形良彥名譽教授等人帶領之下進行研究。

在日常生活中，天氣預報會提供「何時何地的降雨機率為70％」等資訊；同樣地，尾形良彥教授等人也根據一九二六年以來數百萬筆的地震資料，試著預測「何時何地將發生多大規模的地震」。

統計學在地震預測方面仍處於發展階段，最終是否能成功預測，坦白說無人知曉。

倘若統計學有朝一日能在地震預測和應變中發揮作用，那將是一件值得慶幸之事。

第3章總結

- □ 常態分布是統計學中最主要的圖形。
- □ 常態分布呈現漂亮的鐘型，資料主要集中在平均值的附近。
- □ 常態分布能捕捉世上各種差異，相當方便。
- □ 常態分布的關鍵在於「平均」和「標準差」。
- □ 標準差也可作為衡量偏差值或智商等學力的指標。
- □ 也有無法使用常態分布的情況，這時可以像「盒鬚圖」一樣利用中位數。

第4章

「內閣支持率跌破40%」這句話有幾分可信度？

根據樣本推估是統計學基礎

——統計學有「敘述」和「推論」兩種類型！

閱讀一般統計學書籍時，開頭通常會提到統計學包括敘述統計學和推論統計學。

敘述統計學是指用圖表描述的統計學，**推論統計**則是從樣本推估母體的統計學——有時候書上會附上這樣的說明，但我有點接受不了這種區分方式。

因為如果要分成2種，就應該像東日本和西日本、北半球和南半球、男人和女人一樣，根據某個條件來劃分；但從前面的描述來看，統計學似乎是根據「圖表」和「推論」這兩種不同觀點來劃分。

好像會造成嚴重的誤解……兩者有何不同呢？

因此，我將這兩種統計學的區別（劃分重點）定義如下：

- **敘述統計學……處理全體調查資料的統計學。**
- **推論統計學……不進行全體調查，處理樣本調查資料的統計學。**

我認為**根據「是否進行全體調查」來劃分這兩者，應該會比較明確**。

《統計學用語》（Ark出版）中，敘述統計學的定義是針對構成調查對象母體的個體進行全體調查，並根據調查目的，敘述該母體統計上的性質和特徵。書中還特意用雙引號突顯「全體調查」的重要性，可見前提是要做全體調查。

敘述統計學 從問卷調查得知員工的真實心聲

雖說是全體調查，也不一定要收集全國或全球的資料。

舉例來說，X公司的總務部長希望得知員工的通勤時間，以便改善通勤補助和工

❶ 列出大量資料，反而難以理解

15	25	30	38	45	50	53	55	63	67	80	100
15	27	35	43	45	50	53	55	63	70	80	105
17	29	35	43	48	50	54	58	65	70	90	110
18	30	38	44	48	50	54	60	65	73	95	120
25	30	38	45	50	52	54	60	65	75	95	130

❷ 將X公司員工的通勤時間經過整理後的圖表

通勤時間	人數
20分鐘以下	4人
40分鐘以下	12人
60分鐘以下	24人
80分鐘以下	12人
100分鐘以下	4人
120分鐘以下	3人
超過120分鐘	1人
（總數）	60人

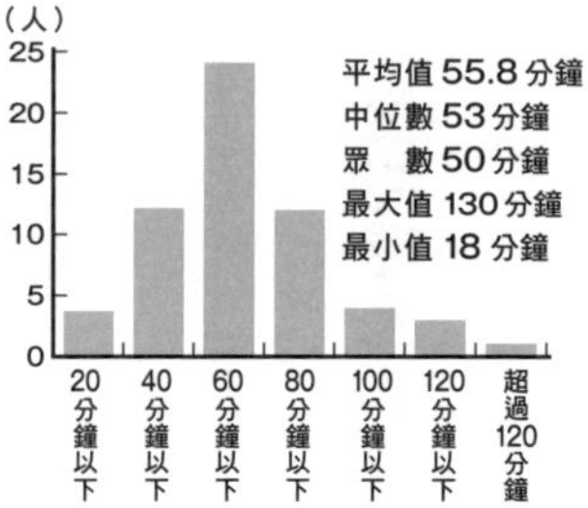
（人）
25
20
15
10
5
0
平均值 55.8 分鐘
中位數 53 分鐘
眾　數 50 分鐘
最大值 130 分鐘
最小值 18 分鐘
20分鐘以下
40分鐘以下
60分鐘以下
80分鐘以下
100分鐘以下
120分鐘以下
超過120分鐘

作形態，這時的全體就是指X公司的所有員工（60人）。

整理問卷調查的結果後，得到❶的數字。光看這些數字，可以看出什麼端倪嗎？沒錯，資料愈多不代表愈能提高理解程度。

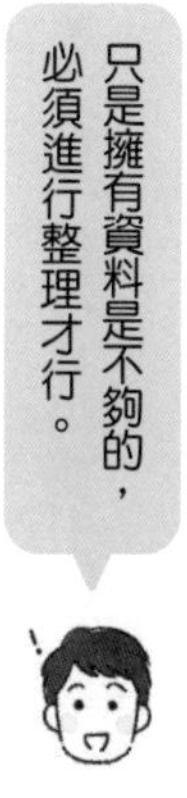
只是擁有資料是不夠的，必須進行整理才行。

說得沒錯。為了方便掌握整體情況，這裡試著將其製成圖表❷，從中提取代表60人原始資料的數值（代表值）。

統計學中的3個代表值包括平均值、中位數、眾數，另外還可透過最大值和最小值來觀察資料分布的範圍，因此我也列出了這兩個值。

多虧掌握了代表值和資料範圍，X公司的部長總算得以瞭解員工的通勤狀況。透過這些資訊，部長有可能做出「每週實施一天在家工作，既能降低員工的疲勞，也能減少補貼」這樣的提議。**做這些的目的本就不在於收集資料本身，而是為了進行分析以提出對策或建議**。

而像這樣整理成圖表，描述代表值（平均值等）和資料範圍（最大值、最小值）後進行分析、制定對策，就是所謂的敘述統計學。

推論統計學　樣本不多也能洞悉整體情況

另一方面，推論統計學的前提就是不進行全體調查。從一般常識來看，進行全體調查比較理想，為何不這麼做呢？

班級或公司可以很快做完全體調查，但若以國家或縣市為單位進行全體調查，就必須耗費大量的時間和精力，成本也很驚人。

「人口普查」就是代表性的國家全體調查。在日本，每5年會進行一次，據說二〇一五年的調查費用就高達650億圓。由地區自治會或町內選出調查員來訪查50～100戶家庭，說明人口普查並執行回收作業。由於有些家庭一直無人在家，調查員需花相當長的時間執行（據說日本全國一共動用了70萬名調查員）。

這也太花時間和金錢了吧。

因此，大多數的調查不會採用全體調查，而是以**抽樣調查**來取代。由於採用抽樣的方式，得到的平均值無法保證與全體國民的平均值完全一致。這也是理所當然的，即使數值接近，也必然會出現誤差。

那麼，如何才能知道真正的數值呢？這就**需要對母體的平均值和標準差等進行推估了**。這時會使用2種推估方法：

❶ **點估計**……將樣本平均視為母體平均，進行精確的估計。

❷ **區間估計**……根據樣本的平均值進行一定範圍的估計。

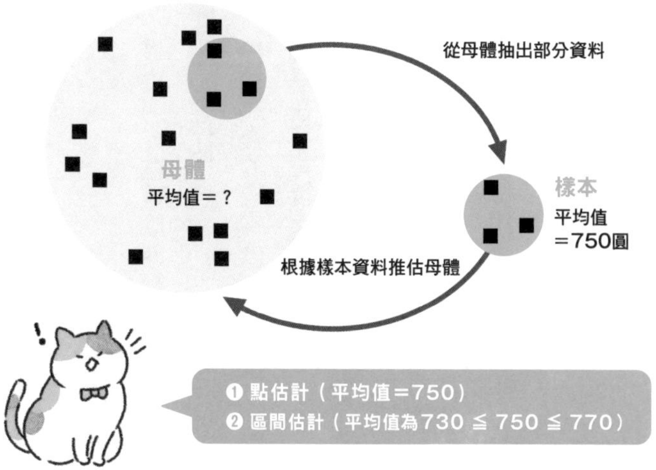
從母體抽出部分資料
母體
平均值＝？
樣本
平均值
＝750圓
根據樣本資料推估母體
❶ 點估計（平均值＝750）
❷ 區間估計（平均值為730 ≦ 750 ≦ 770）

點估計是相當冒險的賭注。舉例來說，在1千人的抽樣調查中，若得出商務人士的平均午餐費為750圓，就會將所有商務人士的午餐費精準地估計為750圓。只以單一數值來表示，儘管容易理解，卻不可能與實際情況完全相同。同樣地，在政黨支持率或電視收視率上，也可能產生這種誤解。

區間估計則是經多次抽樣，取得樣本平均值為750圓後，據此設一定範圍。具體來說會將750圓代入一公式中，做出帶有範圍的預測，如：實際金額在95%的信賴水準（機率）下，會落在730～770圓範圍內。透過區間估計即可根據抽樣調查得到的資料，推估出母體的平均值、標準差等，這就是**推論統計學**。

事實上，在難以進行全體調查的情況下，抽樣調查是唯一的方法。重點是，要以「範圍」來推估。

抽樣調查的成本低、速度快、信賴度高（高機率），是好處多多的調查方法，推論統計學就是在其背後支撐的基礎。

不過，如果使用不當，也會產生誤解和誤導，因此需要格外注意。本章也將逐一介紹這類範例。

金額或許會浮動，但是……
從樣本推估出來的數值真的靠得住嗎？

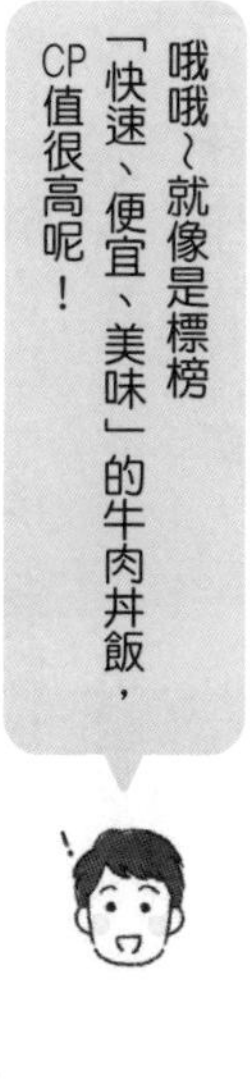
哦哦～就像是標榜
「快速、便宜、美味」的牛肉丼飯，
CP值很高呢！

「試味道」正是統計學的精髓

——正確的抽樣有什麼訣竅？

說到家的味道，大多數日本人都會回答味噌湯吧。其實，抽樣調查的祕訣就隱藏在大家所說的味噌湯裡。

祕、祕訣就在味噌湯裡嗎？我想知道！

煮味噌湯的時候，在端上餐桌前通常都會試試味道；如果發現味道太淡或太濃，就會稍微調整一下。這就是抽樣的祕訣所在。

烹飪時，我們會充分攪拌整鍋味噌湯，讓尚未融化的味噌塊溶解，以免味道出現偏差，直到整鍋湯的濃度相同時再試味道。

試味道時，是透過少量的湯判斷（喝光整鍋湯就沒有意義了），所以要是鍋裡的味噌湯味道不均勻，試味道也是枉然。這就等同抽樣，**關鍵在於樣本是否確實為全體的縮小版**。

「全體與樣本完全一致是最理想的狀況」

抽樣調查是用來取代全體調查的，因此重點在於讓全體（母體）與樣本的狀態盡可能保持一致，否則即使進行抽樣調查，也只會收集到扭曲的資料。

舉例來說，假設想知道大家目前定期訂閱的是哪家報紙，並打算收集1萬人的資料做抽樣，就得按照日本47個都道府縣的人口比例來分配調查對象，還要考慮各縣的市區町村人口比例。接著採用隨機方式，例如按照名字順序從每1千戶中選一戶。**切記不能隨心所欲地挑選，否則會造成資料上的偏差**。

如果只針對北海道進行這項問卷調查，會發生什麼情況呢？先不論全國性報紙，三大地區性報紙中，可以預見中日新聞和西日本新聞的推估結果將遠低於實際數量，而北海道新聞的預估市占率將比實際數字更高。若只針對愛知縣或九州地區等，也會出現上述這種資料偏差的情況。

犯下歷史性錯誤的抽樣調查

二〇一六年的美國總統大選是由希拉蕊・柯林頓（Hillary Clinton）與川普（Donald Trump）兩人捉對廝殺；儘管多數民調顯示柯林頓占上風，結果卻跌破眾人的眼鏡。

比這次選舉更著名的是一九三六年的美國總統大選，那年民主黨提名的候選人是現任總統羅斯福（Franklin D. Roosevelt），共和黨提名的候選人是蘭登（Alf Landon）。

當時籍籍無名的蓋洛普公司（當時的名稱是美國輿論研究所），透過對全美3千名選民的調查，預測羅斯福將以54%的支持率占優勢；相較之下在民調中享有盛譽的《文學文摘》（Literary Digest）雜誌則預測蘭登將以57%的支持率勝出，其樣本數高達200萬人，是蓋洛普公司的700倍。

最終結果如何呢……？羅斯福在46個州勝出，共獲得523張選舉人票，反觀蘭登僅僅得到8張選舉人票。那麼問題來了！

資料問題

為何收集200萬個樣本的《文學文摘》雜誌預測失準，只收集3千個樣本的蓋洛普公司卻精準地預測結果呢？

唔～按理來說，樣本數愈多
應該愈準確才對吧……

呵呵呵……因為**《文學文摘》雜誌犯了抽樣上的錯誤**。

預測大幅失準的《文學文摘》雜誌，是從自家雜誌訂閱者的1千萬人中得到200萬人的回覆。然而，《文學文摘》雜誌昂貴，訂閱者多是擁有電話、汽車的高收入人士，而當時這些人大多是共和黨的支持者。換言之，儘管《文學文摘》收集了200萬人的樣本，但幾乎都是來自相同階層、相同政黨支持者的回覆。

■為何樣本數很大仍然預測失準呢？

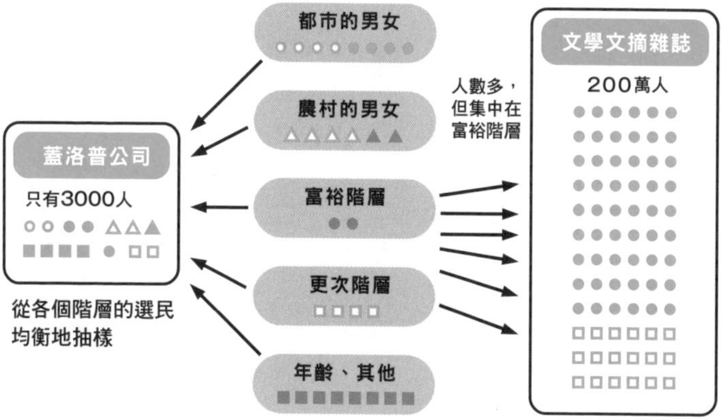
都市的男女
農村的男女
富裕階層
更次階層
年齡、其他
蓋洛普公司
只有3000人
從各個階層的選民
均衡地抽樣
人數多，
但集中在
富裕階層
文學文摘雜誌
200萬人

相較之下，蓋洛普公司則是以都市男女、農村男女等區域和性別，以及富裕階層和更次階層等不同的收入階層，依照人口比例盡可能均等地建立出「選民的縮影」來進行抽樣。

結果顯示，**只要建立正確的縮影，即使樣本很小，也能反映出整體情況**。

不光要注意樣本數，
更重要的是要無偏差地收集資料！

培養出不受電視收視率欺騙的判斷力

——避免被媒體報導牽著走

電視業中，別說1%的收視率，就算是0・1%的差異都可能影響到製作單位的士氣；如果黃金時段的收視率跌到個位數，節目甚至可能遭到停播，因此收視率對電視業而言就如同神一般的存在。

話說，如此重要的收視率，數字究竟有多準確呢？

以Video Research公司為例，其將日本全國劃分為關東地區等32個調查區域，分別統計每個地區的收視率。

這裡以關東地區的收視率為例。

關東地區約有1800萬戶家庭，針對2700戶家庭進行調查（二〇二〇年三月之前為900戶家庭）。2700相較於1800萬約為6700分之一，但只要樣本挑選得當（像蓋洛普公司一樣），即使只有２７００筆資料，也能進行充分的調查。

誤差值有多小？

話雖如此，樣本終究只是樣本。

因為並非對關東地區的１８００萬戶家庭進行全面調查，必然會存在誤差；而這個誤差多大或多小，將影響實際應用。

164頁的圖顯示了樣本數為２７００、收視率為10％時的誤差，其後的表格針對樣本數為300、600、900和２７００時的誤差進行試算。

當樣本數為２７００、收視率為10％，誤差會在正負１・２％之間，因此實際收視率介於８・８～11・２％之間，落在這個範圍的機率約95％（換言之，收視率低於８・８％或高於11・２％的機率加起來只有５％）。

■若收視率為10%，實際收視率可能介於8%～12%之間

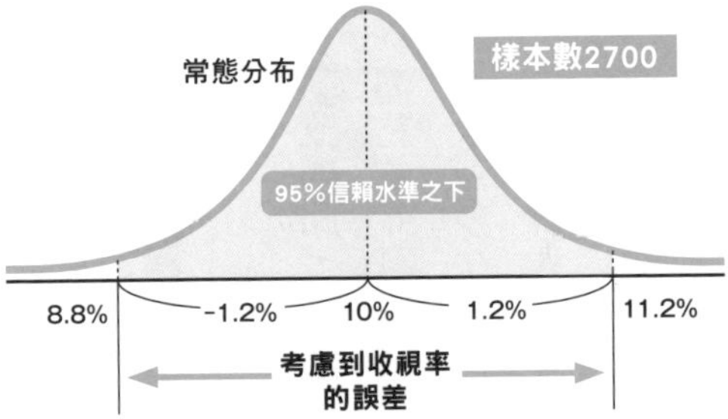
常態分布
樣本數2700
95%信賴水準之下
8.8%
-1.2%
10%
1.2%
11.2%
考慮到收視率
的誤差

■推估實際收視率的公式

$$樣本誤差=\pm 2\times\sqrt{\frac{家庭收視率\times(100-家庭收視率)}{樣本數}}$$

本書不打算列出公式，但這裡姑且附上了該公司發表的實際收視率推估公式。

唔咕咕……
這個數學公式在寫什麼鬼……

這個公式只是作為參考，不需要理解其中含義，只要大致看一下就好。

「收視率實際上有可能被逆轉？」

這裡將調查的收視率（家庭收視率）和樣本數代入上述公式，即可計算誤差為正負多少。計算結果列在上面的表格中（95％信賴水準下）。

■誤差隨著樣本數增加而變小

家庭收視率	誤差（樣本數如下時）			
	2700時	900時	600時	300時
5%、95%時	±0.8	±1.5	±1.8	±2.5
10%、90%時	±1.2	±2.0	±2.4	±3.5
20%、80%時	±1.5	±2.7	±3.3	±4.6
30%、70%時	±1.8	±3.1	±3.7	±5.3
40%、60%時	±1.9	±3.3	±4.0	±5.7
50%時	±1.9	±3.3	±4.1	±5.8

當樣本數為2700戶且收視率為10%時，誤差即為表格中標示顏色的±1．2%。與樣本數為900時相比，這個誤差範圍明顯小得多。

在相同時段，如果A電視台的收視率為11%、B電視台為10%、C電視台為9%，利用前述的公式計算，可以得知大約會有±1．2%的誤差。

收視率由高到低的順序為A、B、C。A電視台的贊助商看到這個情況，或許會喜不自勝吧。

然而，如果考慮到誤差，情況可能會像上面標出的灰色範圍那樣，逆轉成由高到低為C、B、A；不僅如此，A電視台的收

■別說第一名了，A公司搞不好還會變成吊車尾!?

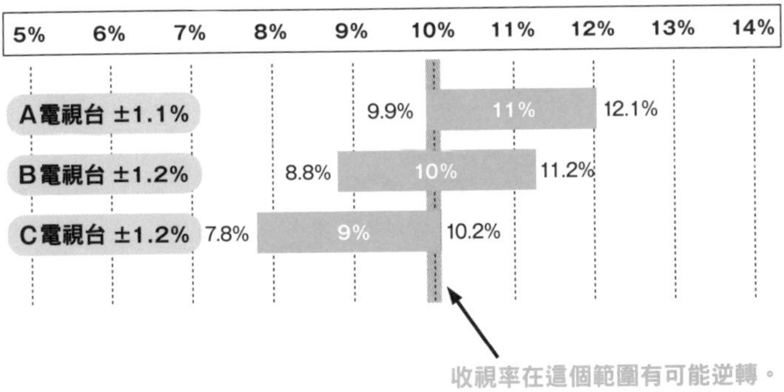

視率甚至可能連10%都不到。

因此，站在贊助商的立場，為了保險起見，**收視率僅相差1%也要謹慎看待**。

內閣支持率首度跌破40%？

——電視台與政治都存在著差異

觀看報紙、電視或網路新聞時，經常會看到「內閣支持率首度跌破40%！」這樣的報導。

是這樣嗎？我只關心體育新聞，
對政治不太瞭解……

你最好還是瞭解一下政治方面的新聞喔。

不過話說回來，我們可以說這個報導準確地傳達資訊嗎？

假設調查「是否支持現在的內閣」，結果只有39・5%的人回答「支持」，跌破四成大關。

■A內閣的支持率「跌破40%」?

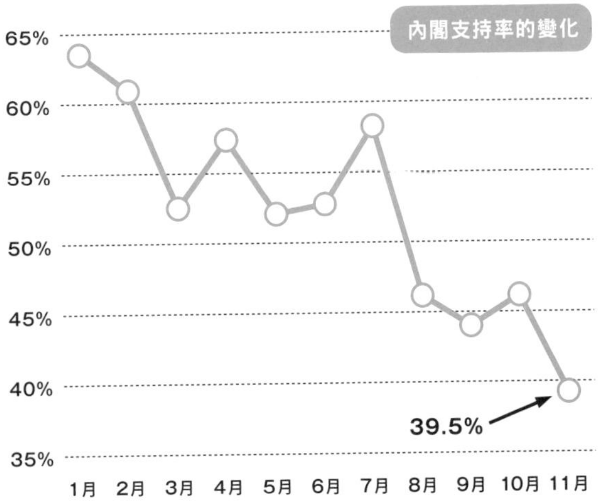
內閣支持率的變化
65%
60%
55%
50%
45%
40%
35%
39.5%
1月
2月
3月
4月
5月
6月
7月
8月
9月
10月
11月

這個結果該如何思考和表達，才比較適當呢？

如果調查對象是所有選民，並獲得全體回答的結果（即全體調查）為39．5%，這樣的話就可以斷言「跌破40%」。

然而，報社和電視台的調查通常使用的是名為**RDD**（隨機撥號，Random digit dialing）的調查方法，大多取得約2千人的回答而已。RDD法是指用電腦隨機抽出電話號碼，撥打該號碼以詢問受訪者意見的方法；想當然，這並非全體調查，而是抽樣調查。

既然是抽樣調查，就意味著得到的數字（比如39．5%）並非全體選民的數值，應該會存在誤差。由此可知，這樣就宣布內閣支持率跌破40％，實在有點草率。

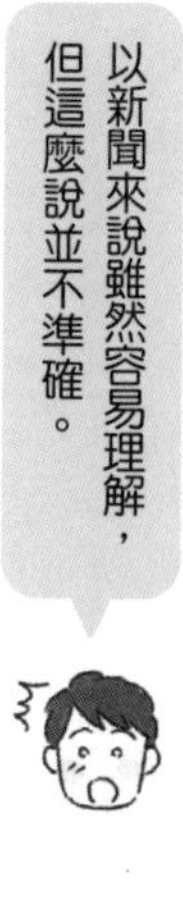
以新聞來說雖然容易理解，
但這麼說並不準確。

支持率其實相當可疑……？

這裡可以使用上一段介紹的數學公式。只要輸入電腦的Excel等軟體，一下子就能計算完成。

以報紙調查的回答數大約2千份、結果為39．5％來計算，則誤差為正負2．2％。根據估計，真實的支持率應該會落在**「37．3～41．7％」**這個範圍內（此稱為區間估計）。在這種情況下，支持率最高可能接近42％，因此無法斷定跌破40％。

170頁的兩張圖顯示某國總統自就任以來一年內的支持率變化。雖然可以明顯看出支持率大幅下滑，但我們想知道的是其他資訊。

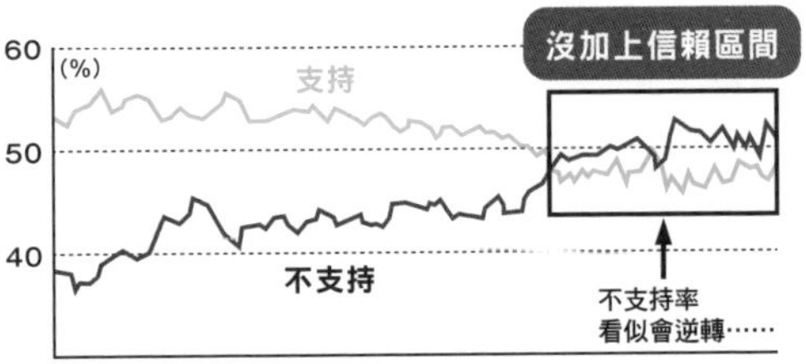
沒加上信賴區間
60
50
40
(%)
支持
不支持
不支持率
看似會逆轉……

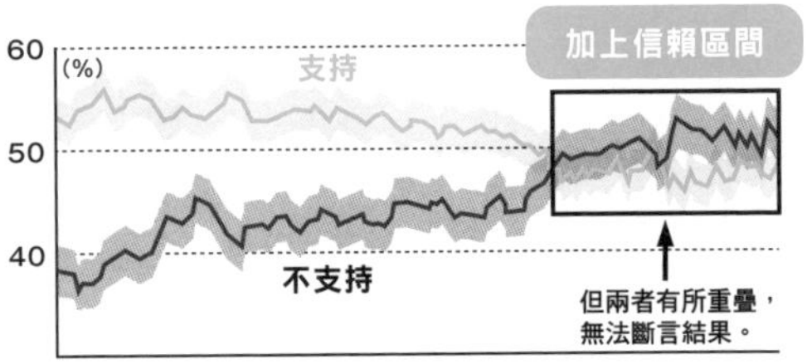
加上信賴區間
60
50
40
(%)
支持
不支持
但兩者有所重疊，
無法斷言結果。

誤差的部分重疊，
實在難以判斷。

上圖是一般表示方式，準確地顯示各個時間點的支持率和不支持率；下圖則包含了誤差，給出更多的可能範圍，使得支持率是否會逆轉變得不明確。附帶一提，我就曾看過美國某新聞機構使用類似下圖的圖表。

總而言之，儘管真相不得而知，但各位在思考時務必要意識到有誤差的存在。

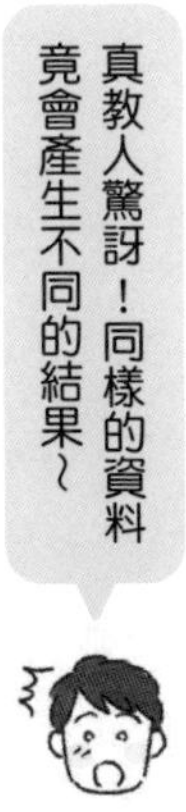
真教人驚訝！同樣的資料
竟會產生不同的結果～

回答數需要多少才足夠？

——以全國調查來說，3千份夠嗎？

那麼，讓我們複習一下到目前為止的內容吧。突然又到了問答時間！

資料問題

上司指派你去進行客戶問卷調查，他下令要收集足夠數量，以充分瞭解客戶的需求。那麼，你覺得需要多少回答數才算足夠呢？

對於看過「收視率」和「內閣支持率」這兩個項目的你來說，這個問題應該是小菜一碟。

答案就在164頁的收視率公式中（真抱歉，雖然本書宣稱不含任何數學公式，不過不用理解公式

選擇率（%）	誤差（樣本數如下時）			
	300時	800時	1500時	3000時
10、90%時	±3.5	±2.1	±1.5	±1.1
20%、80%時	±4.6	±2.8	±2.1	±1.5
30%、70%時	±5.3	±3.2	±2.4	±1.7
40%、60%時	±5.7	±3.5	±2.5	±1.8
50%時	±5.8	±3.5	±2.6	±1.8

（根據第164頁的公式計算得出）

的意義也沒關係）。大家可以看到公式中有「樣本數」吧。

透過公式，**我們也能從可容忍的誤差程度，反推出需要的樣本數**。

除非是複選題，否則單選題中幾乎不會有獨占50％的項目，因此我認為300～800個回答就足以呈現出趨勢，但**如果有約1500個回答數，將不至於出現太大偏差**。

話說回來，一九三六年的美國總統選戰期間，蓋洛普公司所收集的調查數是3千人，結果顯示「54％的選民要投給羅斯福」，從誤差範圍來看，最低也有52・2％，可以說羅斯福篤定當選。

Column

如何在決定命運的擲硬幣中取勝？

假設動物市舉辦市議會議員的補選（1名當選者），候選犬和候選貓的得票相同。這時，選舉管理委員會拿出一枚硬幣，打算以猜正反面的方式來決定當選者（實際上確實有用抽籤或擲硬幣決定的例子）。

雙方準備以硬幣一決勝負……在那之前，委員會先試著擲備用的硬幣，結果連續3次都出現正面。

看到這個結果，你會選擇正面還是反面呢？

資料問題

❶ 感覺有風在吹！應該還是正面吧？

❷ 唔，差不多該出現反面了吧？

順帶一提，候選犬在心中是這麼盤算的：

「連續出現3次正面是極其罕見的情況，這表示在決戰中選擇反面的機率應該更高才對。」

這種想法稱為**賭徒謬誤**，完全是主觀臆測；而機率的一大特徵正好是**往往與直覺相悖**，因此難以理解。

此外，機率最重要的一點，在於不受之前擲硬幣的結果影響，出現正面或反面的機率每次都是獨立的。因此，「既然連續出現正面，下次應該會出現反面」的想法，只不過是一廂情願罷了。

那麼，答案是「不管押哪邊都取決於運氣，所以無法確定」嗎？不，不對，應該還是有一邊的機率高一點點。

擲一枚正反面出現**機率幾乎相同**的硬幣時，正面和反面出現機率分別為½，此即**數學機率**。

但在現實中並不存在以相同機率出現正反面的硬幣，需實際擲硬幣才可得知，這時的機率稱為**統計機率**。

數學機率是基於邏輯推理得出，會再補述「出現機率幾乎相同」等。

另一方面，候選貓是這麼盤算的：

「連續出現3次正面，該不會有某種原因導致正面更容易出現吧……？」

考慮到這次是角逐市會議員一個席次，加上使用遵循統計機率的硬幣，候選貓認為**根據之前的實績來考量，方為明智之舉**。

換句話說，正確答案就是……❶再次出現正面的可能性較高。

日本有一種遊戲：把木屐踢出去，如果正面朝上，就表示明天會是晴天。此外，還有投擲寶特瓶蓋計算正反面出現次數、拋圖釘計算正面朝上的次數等遊戲。

每當遇到這種「投擲才能知道結果」的情況，就可以採用統計機率來推估。

第4章總結

□ 統計調查方法有2種：敘述統計學＝全體調查、推論統計學＝抽樣調查。

□ 全體調查需要收集所有資料，如果是涉及國家層面的調查，需要耗費大量的時間、金錢和人力。

□ 抽樣調查若執行得當，就能得到較高的準確度；一旦抽樣有誤，就可能出現不同結果，需要格外注意。

□ 像「內閣支持率」這類即時報導，往往會忽略誤差。

第5章

只是巧合嗎？
用假設檢定找出真相！

世上有99％都是假設！

——定論和常識都只是一種假設？

距今約200年前，人們普遍認為恐龍根本不存在。這也是理所當然的，因為從來沒人見過恐龍這樣的巨大生物。

然而，英國的吉迪恩・曼特爾（Gideon Mantell，1790～1852）在一八二〇年於白堊海岸發現一顆禽龍的牙齒化石，後來又在法國和瑞士間的侏羅山等地陸續發現恐龍化石。

換言之，這個200年前的定論充其量只是一個假設，使得生物學的教科書因此大幅度修改。

即便是常識，也可能迅速被推翻呢！

顛覆常識的黑天鵝

物理學、化學、天文學、地質學、生物學等學科，皆是採用**歸納法**建構出來的。所謂的歸納法，是一種**建立假設並加以驗證的方法**。具體而言，會根據大量的經驗或案例建立起假設；但假設也隨時可能被一個反例所推翻。

黑天鵝就是一個著名例子。

天鵝的英語是「swan」，歐洲人自古以來就一直認為swan是一種白鳥。

老爺爺和老婆婆都告訴子孫「swan是白色大鳥」，繪本上也都將天鵝描繪成白色。更重要的是，大家實際看到的天鵝也是白色，因此都對「swan＝白鳥」深信不疑，甚至出現諺語「就像在找黑天鵝一樣」，用來形容無謂的努力。

然而，一六九七年在澳洲發現了黑天鵝，這件事讓人們大感震驚，從此以後便出現**「黑天鵝＝顛覆以往常識、徹底改變事物」**的說法。

「swan＝白鳥」這樣的定論只不過是一種假設，事實上在某些地區，黑天鵝可能更適合生存。

近年來，原本被認為不可能破產的大型企業雷曼兄弟，也於二〇〇八年宣告破產，大多數媒體稱之為「雷曼衝擊」，證券業等行業卻稱之為「黑天鵝」。

由此可見，假設（定論）總是潛藏著陷阱。

確實如此。我父母那輩都認為「結婚後才稱得上是大人」，
但現在單身的人愈來愈多。

話雖如此，為了做出判斷、得出結論並付諸行動，我們還是必須建立假設。這時，重點在於**確認並提高假設的可靠度**。為此，統計學有個名為**假設檢定**的方法。

這裡只粗略介紹一下假設檢定的概要，執行步驟就留待後面章節說明了。

什麼時候可以說是作弊？

——試著模擬相同點數出現的次數

假設你現在抱持著累積社會經驗的心情踏入賭場，打算挑戰「猜單雙」這個搖骰盅的賭博遊戲。

搖骰子的大哥吆喝著：「來來來～下好離手，我要開始搖骰子了！」2顆骰子被放進骰盅內。

若2顆骰子的和為偶數就是雙，和為奇數就是單（換言之，能被2除盡就是雙，除不盡就

是單）。單雙出現的數學機率皆為½。

然而，結果卻是連續出現3次雙。你心想：「咦……感覺怪怪的？」忍不住高喊一聲：「這是作弊吧？」真是勇氣可嘉。

在黑道大哥面前說這種話……
我能全身而退嗎？

聽你這麼說，搖骰子的大哥一臉嚴肅地回答：「什麼？這位客人，話可不能亂說。單和雙出現的機率確實是½，但這不代表出現比例會各占一半，連續出現3次只是純屬『巧合』喔？」

好、好可怕。我還是把嘴閉上吧……

老實說，搖骰子的大哥說得沒錯。機率雖為½，但實際上出現比例並非½；只是搖得愈多次，比例會愈接近½。

儘管很不甘心，但搖骰子的大哥說得有理，不服輸的你心想：「這次一定是單！」

而繼續押注，結果又是雙，這已經是連續4次了。雖然覺得這實在太不對勁了，但剛剛才提出抗議而被白了一眼……

如果發生的機率低於5％就很可疑

就在這時，一旁的老紳士出言相助：

「這位大哥，你剛剛說得對。即使機率是½，連續出現3或4次雙也並非不可能之事。不過嘛……發生這種每百次才會出現一次的罕見情況，會有人像剛才那位先生一樣懷疑是作弊也很正常……這搞不好會影響到大哥的信譽呢。」

聽到這句話，搖骰子的大哥皮笑肉不笑地答道：「確實如此，要是出現100次中只有1次、50次中只有1次的罕見情況，我也會感到懷疑。不過，就我的經驗來看，每10次出現1次的事情倒是很常見～」

聽到大哥如此辯解，老紳士的眼鏡一亮，繼續說道：

「說得也對。既然這樣，就把20次中出現1次以上的情況判定為『作弊』，不到20次就當作是『巧合』，不知你的意下如何？」

老紳士所說的**「每20次出現1次」，就是機率低於5%的情況，這也是目前統計學中最受歡迎的判斷標準**。

如果是硬幣連續出現3次正面的情況呢？

一旁的老紳士又接著說道：

「骰子的單雙可能難以理解，不如舉個簡單一點的例子，用硬幣的正反面來思考吧，你覺得如何？」

只見搖骰子的大哥一副自信滿滿地說：

「這有什麼問題。每20次出現1次的機率是5%，這算是相當罕見了吧。你就說看

■連續出現幾次會是5%以下？

		5%以下
1次	$\frac{1}{2}=0.5$ (50%)	
2次	$\frac{1}{2}\times\frac{1}{2}=0.25$ (25%)	
3次	$\frac{1}{2}\times\frac{1}{2}\times\frac{1}{2}=0.125$ (12.5%)	
4次	$\frac{1}{2}\times\frac{1}{2}\times\frac{1}{2}\times\frac{1}{2}=0.0625$ (6.25%)	
5次	$\frac{1}{2}\times\frac{1}{2}\times\frac{1}{2}\times\frac{1}{2}\times\frac{1}{2}=0.03125$	(3.125%)

連續出現4次之前還算巧合，5次以上就表示一定有鬼！

看，硬幣連續出現幾次正面才算作弊、機率有沒有低於5%吧。」

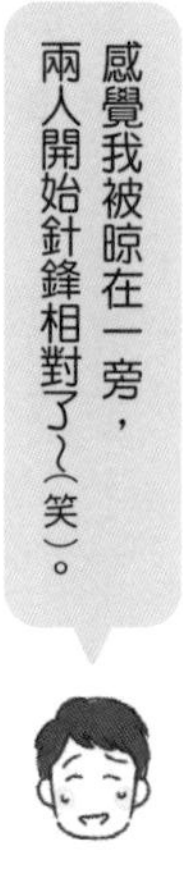
感覺我被晾在一旁，兩人開始針鋒相對了～（笑）。

既然已經得到搖骰子大哥的同意，讓我們想想看硬幣連續出現幾次正面才算作弊吧。

從上圖可以看出，第一次擲硬幣出現正面的機率是½，也就是50%；連續出現2次是¼，機率為25%；連續出現3次是⅛，機率為12.5%，仍不低於5%；連續出現5次的機率為3.125%。

聽完，大哥的嘴角浮現一抹微笑。

「你看，數學不會騙人吧。只有連續出現5次正面才有動手腳的可能，所以現在還沒問題。」

聽到大哥的話，老紳士說：

「是這樣嗎？我們還沒玩到第5次，而且這是只考慮連續出現幾次正面的情況。說起來，如果我要在硬幣上動手腳，每次只會擲出正面的硬幣馬上就會露出馬腳，我才不會這麼做。假如是我的話，我會做成正反面都會出現的硬幣，但拋擲多次後會呈現類似7：3的比例，而不是連續出現同一面。」

搖骰子大哥在老紳士的邏輯逼問下顯得手足無措，困惑地反問：

「呃……那這要怎麼推算？」

我也一頭霧水，真傷腦筋。
這位老紳士絕非等閒之輩……！

正面出現的次數	拋擲次數	正面出現該次的機率
0次	1	0.1%
1次	10	1.0%
2次	45	4.4%
3次	120	11.7%
4次	210	20.5%
5次	252	24.6%
6次	210	20.5%
7次	120	11.7%
8次	45	4.4%
9次	10	1.0%
10次	1	0.1%

（9次與10次合計 1.1%）

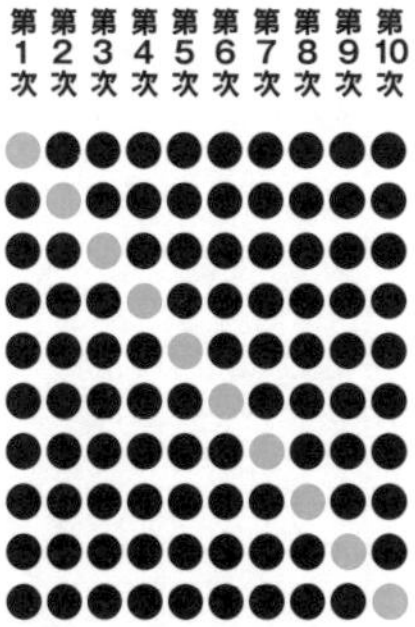

這裡列出的是擲硬幣10次，正面出現在第1次、第2次、第3次……共10種的情況。

「擲10次硬幣，正面共出現幾次？」

老紳士語氣平和地回答：

「先不考慮連續出現的機率，而是看擲10次硬幣中正面出現幾次。從這樣的角度來思考，比較貼近現實吧？」

「原、原來如此……感覺確實是這樣沒錯，那就請你推算看吧。」

擲10次硬幣中正面出現幾次的機率，該怎麼推算呢？從最小的0次（正面1次都沒出現）到最多的10次，共有11種情況；其中0次和10次出現的機率不高，大部分會落在4到6次之間。

■10次中正面出現0～10次的機率

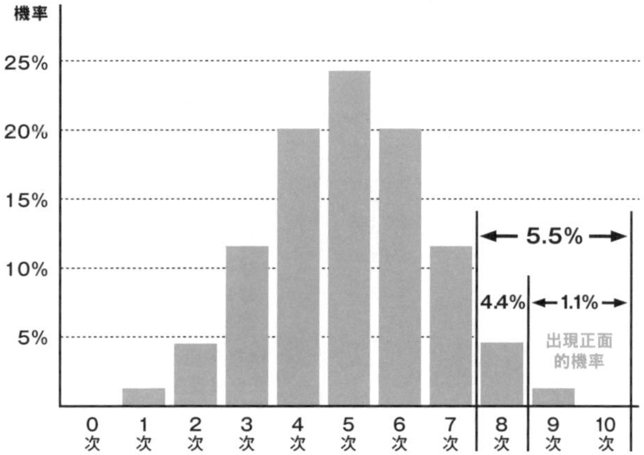

機率
25%
20%
15%
10%
5%
5.5%
4.4%
1.1%
出現正面的機率
0次
1次
2次
3次
4次
5次
6次
7次
8次
9次
10次

187頁上圖中，以10次中正面出現1次的情況為例，以●表示正面、●表示反面，計算出正面出現在第1次、第2次、第3次……直到最後第10次的情況。

以這個方式將10次中正面出現0～10次的情況都換算成機率，就會得到188頁上圖。

出現幾次會有作弊之嫌？

「唔、唔唔。客人，那麼……接下來要如何判斷？」

搖骰子的大哥有些手足無措了（笑）。

「從188頁上圖來看，10次中正面出現9

次和10次的機率相加為1・1%，低於標準的5%（20次出現1次），因此可視為非常罕見的情況。換句話說，應該可以判斷有問題。

然而，10次中正面出現8次的機率有4・4%，將這3種情況相加就是5・5%，超過了5%，因此可以判定並非罕見情況，只是巧合罷了。」

「唔……所以說，10次中正面出現9次以上才有作弊嫌疑囉？」

搖骰子大哥滿頭問號地反問。然而，老紳士面有憂色地答道：

「在這個案例中，10次中正面出現8次以上的機率略微超過5%，可見10次的次數太少，判斷起來不太容易。

既然如此，再稍微增加次數，看看拋擲20次的情況好了。經過計算，20次中正面出現15次以上就有作弊之嫌，出現15次以內則可以判斷是巧合。」

所以說擲20次硬幣，同一面出現15次以上
就可以認定「很可疑，恐怕有作弊」囉？

「原來如此，我明白了……超過15次就不行，14次以內才算安全……」

■20次中同一面連續出現14次還算正常的理由

正面出現的次數	拋擲次數	正面出現該次的次數
0次	1	0.00%
1次	20	0.00%
2次	190	0.02%
3次	1140	0.11%
4次	4845	0.46%
5次	15504	1.48%
6次	38760	3.70%
7次	77520	7.39%
8次	125970	12.01%
9次	167960	16.02%
10次	184756	17.62%
11次	167960	16.02%
12次	125970	12.01%
13次	77520	7.39%
14次	38760	3.70%
15次	15504	1.48%
16次	4845	0.46%
17次	1140	0.11%
18次	190	0.02%
19次	20	0.00%
20次	1	0.00%

繪製成圖表

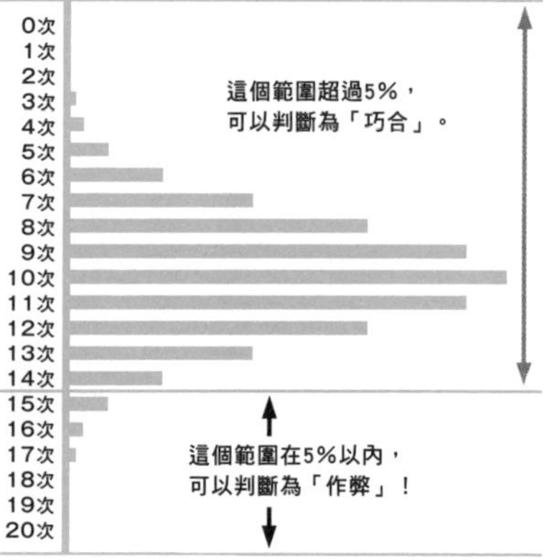

這個範圍超過5%，
可以判斷為「巧合」。
這個範圍在5%以內，
可以判斷為「作弊」！

搖骰子的大哥被統計學駁倒，完全失去一開始的氣勢，夜晚就在神祕的統計紳士連連得勝的情況下漸漸深沉——

等一下！我的角色上哪去了啊～（笑）

這個故事是從被譽為「近代統計學始祖」的費雪（Ronald Aylmer Fisher）在《實驗設計》中提到的內容改編而來，統計學中常見的「5%」（危險率），據說就是費雪所設定的。

有點拐彎抹角的假設檢定

——驗證反對意見不正確的方法

上一節中，已經充分解釋了為何會以5%作為判斷依據。這些驗證步驟稱為假設檢定，是統計學的重要核心主題。這節就來總結一下假設檢定的步驟。

❶ 建立虛無假設

首先要做的事情是建立假設。

假如你現在要猜A先生的心上人是X小姐還是Y小姐（二選一）。當你認為是X小姐時，反而要故意假設「Y小姐才是真命天女」來進行推理，這就是假設檢定的方法。

以上一節的硬幣為例，你心裡認為對方作弊，就要建立起「不是作弊」的假設（與真實想法相反）。

這個檢定方法十分拐彎抹角，但藉由排除Y小姐的可能性，我們才能證明真正想要證實的假設（X小姐）是正確的。

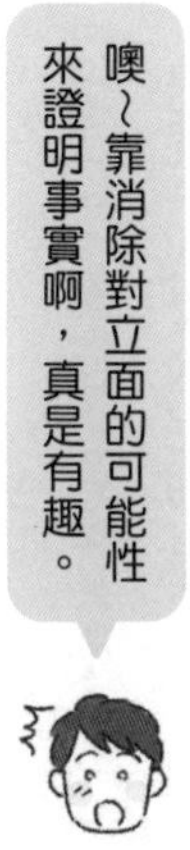
噢～靠消除對立面的可能性
來證明事實啊，真是有趣。

當然，在進行各種測試時，我們期待的是一步步否定「Y小姐才是真命天女」的這個假設。而這個預期被推翻並拒絕的假設，就稱為**虛無假設**。

順帶一提，虛無假設的英語為null hypothesis，是從「null＝空白（虛無）」和「hypothesis＝假設」直譯而來。光看字面上的意思，可能有點難以理解。

❷拒絕虛無假設

下一步，我們就要來推翻虛無假設，而這在統計學中稱為**拒絕**。

方法不是詢問「A先生真的喜歡Y小姐嗎？」這種曖昧的問題，而是舉出「A先生每個月和X小姐約會20次，卻1次也沒跟Y小姐見面」等，**透過數值來判斷**。

上一節的例子中假設了硬幣沒被動過手腳，但以數值「5%」作為判斷標準，推出正面出現次數過多、發生極其罕見的情況，進而**拒絕了一開始建立的假設**。

透過這個方法，我們就能排除Y小姐的可能性。

❸ 支持對立假設

由於是二選一的情況，剩下的X小姐就被判斷為是真正的真命天女，這在統計學中就稱為**支持**。相對於支持X小姐的虛無假設，這稱為**對立假設**。

這部分因為涉及到許多統計學專業術語，可能讓人感到非常複雜，但只要瞭解其中含義就會慢慢習慣，不需要太擔心。

❹ 決定一開始的數值

如果使用不明確的定義，如「發生這種情況極其罕見」，事後可能出現「3%也不是什麼罕見之事」這類爭論。因此最好一開始就設定「5%就認可」這種界線，否則結果出來後，又會演變成針對「罕見、不罕見」的爭論。

這種主觀感覺確實因人而異。

我們說過，**統計學通常以5％作為標準，但在需要嚴格審查的情況下，可能會設定成1％；若涉及學術真理，比如「是否承認為新的基本粒子」，又會採取更嚴格的標準**。

發現微中子具有質量而榮獲諾貝爾物理學獎的梶田隆章教授，在研究中設定的誤差機率就僅為0．00000003％。

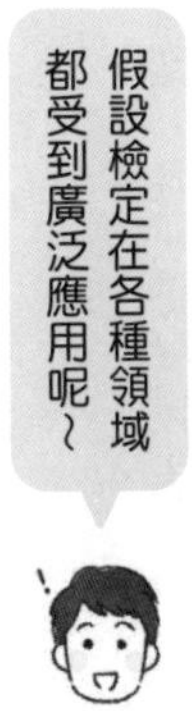
假設檢定在各種領域
都受到廣泛應用呢～

發生超罕見事件時要特別注意！

前面已經多次提到，在正常情況下，5％或1％的發生機率可以說是非常罕見，幾乎不能以「碰巧發生」一句話唬弄帶過。

而這種一事件發生機率顯然低到難以被判斷為偶然的數值標準，就稱為**顯著水準**。

千萬別忘記這件重要的事，我再複述一次：

發生了5%以下的罕見事件，顯然難以說是偶然的機率，就稱為顯著水準。

然而，若我們因虛無假設下發生低於5%的罕見事件為由，拒絕（推翻）虛無假設、支持對立假設，也有可能真的只是偶然發生了5%以下的罕見事件。

以硬幣的例子來說，即便是沒被動過手腳的完美硬幣，也無人可斷定絕不會碰巧連續出現10次正面。這時，拒絕虛無假設就是錯誤的。

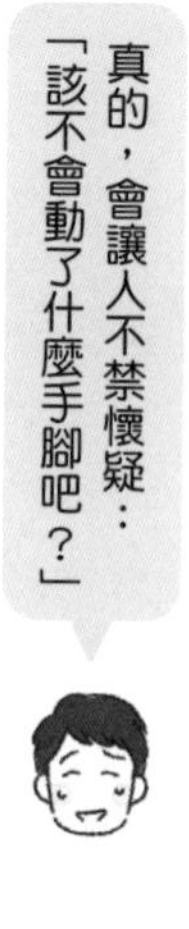
真的，會讓人不禁懷疑：
「該不會動了什麼手腳吧？」

畢竟機率超低，不等於不會發生嘛！

由於顯著水準設在5%以下，也可能誤判假設，因此又被稱為**危險率**。這意味**即便**

在統計學上進行嚴格判斷，也始終存在誤判的可能性。

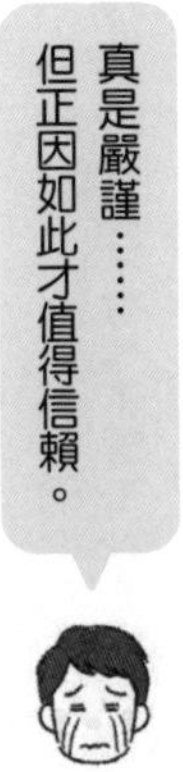
真是嚴謹……
但正因如此才值得信賴。

只調查一邊還是兩邊？

——同樣是5%，判斷卻不同？

擲硬幣時，如果正面出現次數異常地多（反面出現次數異常地少），任誰都會懷疑其中有詐。這時，根據反面出現機率低於5%來判斷有無問題的方法，就稱為**單尾檢定**。

相對地，若只是聽說硬幣可能有詐，但無法確定是正面還是反面出現次數異常，就需要針對正反兩面進行檢定，此稱為**雙尾檢定**。

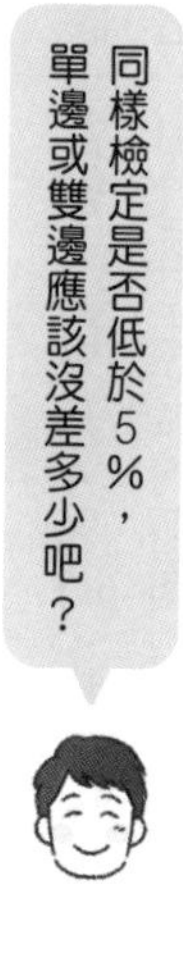
同樣檢定是否低於5%，單邊或雙邊應該沒差多少吧？

不！

這種想法可是大錯特錯。

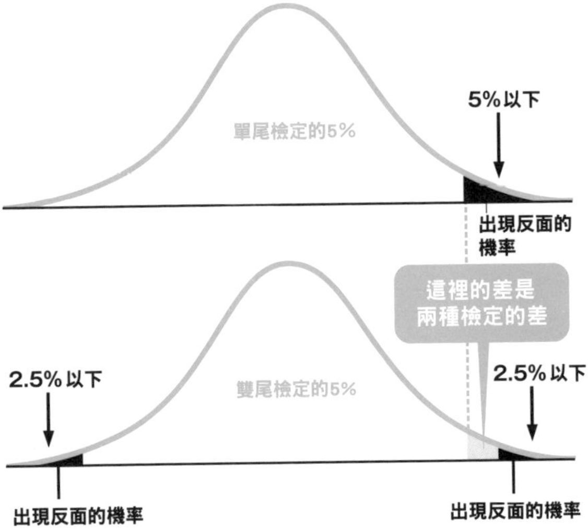
單尾檢定的5%
5%以下
出現反面的機率
這裡的差是兩種檢定的差
雙尾檢定的5%
2.5%以下
2.5%以下
出現反面的機率
出現反面的機率

雙尾檢定是要判斷兩邊是否共低於5%，所以是左右各占一半（2・5%）的範圍。

具體來說，當檢定結果為4%時，如果是單尾檢定，由於落在5%的範圍內，因此會被判定為作弊或有問題。

然而，在雙尾檢定的情況下，4%超過2・5%的界線，落在正常範圍內，反而會被視為巧合。

這就導致了判斷結果的不同。

真的耶！從上面的圖來看，結果不一樣。

為了避免有詐，需根據目的事先決定方法

一般而言，單尾檢定比較方便，因此有些人會**刻意採用單尾檢定，以便讓結果更容易落入5%的範圍內**。當研究人員想要證實自己的觀點時，說不定就會動這種歪腦筋。

以具體例子說明兩者區別的話，「新藥X比現有藥物Y有效」這種只需證明優越性的情況，就適用於單尾檢定；而「新藥A的優點是副作用較少，但不確定是否比現有藥物有效，只要效果不遜於現有藥物即可（不劣性試驗）」，就適用於雙尾檢定。

一般來說，採用雙尾檢定比較不容易受到質疑、引起爭議。

換言之，調查優越性就用嚴格的單尾檢定；
想要公平調查時，就採用雙尾檢定。

型一錯誤的α和型二錯誤的β

——危險率與權衡取捨

話說，近來擁有AI音箱的家庭有愈來愈多的趨勢。

我的家裡也有好幾台。
因為我很喜歡跟風，所以一推出就買了。

我想也是。那麼，使用起來感覺如何呢？

這個嘛，我一拿到手就先設定自己的聲音，只要對著它說「嘿，××」，
就會播放新聞或音樂，但它也對來家裡玩的朋友聲音有反應，讓我有些慌張……

這是為什麼呢？感覺有點困擾，真是奇怪。

還有手機的臉部辨識！我知道戴著口罩會無法辨識，但有時候沒戴口罩也被拒絕。

這還真的挺傷人的……（笑）

明明是本人卻被拒絕，別人反而通過？

近年來，安全系統變得愈來愈先進，有些公寓甚至裝有攝影鏡頭，只有臉部經過登錄的住戶才能進入。

然而，安全性有一定的容許度，並不能做到100％的檢查。如果把安全性設定得極為嚴格，雖然外人無法進入，但住戶若因為感冒而導致臉部稍微腫脹，系統就有可能無法辨識出是本人。剛才提到的手機臉部辨識也是一樣。

反之，安全性一旦設定得較為寬鬆，即使是與本人毫不相像的人（例如小偷），也有可能通過辨識而進入公寓，就像AI音箱的例子一樣。

前面在解說假設檢定的時候，有提到危險率。這代表再嚴格的判斷，也存在誤判的可能性。

換句話說，在假設檢定中，拒絕虛無假設並支持對立假設是最理想的情況，但可能會發生2種類型的錯誤。

第一種錯誤稱為**型一錯誤**或**α錯誤**。意即建立的虛無假設符合事實（對立假設錯誤），檢定結果卻拒絕虛無假設。例如：手機的臉部辨識系統辨識不出持有者本人。儘管事實是正確的，卻被判斷成不正確。

第二種錯誤稱為**型二錯誤**或**β錯誤**。意即建立的虛無假設不符合事實（對立假設正確），檢定結果卻不拒絕虛無假設。例如：小偷可以通過臉部辨識進入公寓、AI音箱對非持有者的聲音做出反應。沒有意識到錯誤，甚至將之誤認為正確的。

α是希臘字母中的第一個字母，對應到型一錯誤；β是第二個字母，對應到型二錯誤，大家不妨用這個方法來記憶♪

世上所有事物都需權衡取捨

前面有稍微提到過，統計學是根據機率來進行判斷，即使有5％、1％等危險率，也無法將發生誤判的可能性降至零。如果讓危險率（顯著水準）增加，就會產生冒牌貨冒充本人通過驗證的風險；如果讓危險率降低，本人便有可能無法通過認證而造成不便。所有事物都具備權衡取捨的關係，因此危險率的設定顯得十分重要。

雖然有些離題，但我聽說歐洲國家沒有死刑制度的原因之一，就是擔心執行死刑後才發現是冤案的危險性，無法完全消除誤判的可能，這也算是一個權衡取捨的問題吧。

這樣容易理解多了～
真方便，謝謝！

Column

孟德爾的數據太過完美，背後的真相是什麼？

聽到別人說：「孩子長得跟你好像～」身為父母都會很開心吧。就算不知道遺傳相關理論，大家應該都覺得孩子像父母是很正常的。

奧地利的科學家孟德爾（Gregor Mendel，1820～1884），以精妙的方式向世人揭示遺傳的傳遞方式。

孟德爾成功的首要祕訣，就是選擇豌豆作為研究材料；其次，他花了超過8年堅持不懈地收集資料；第三，他用符號和數學公式來表示「圓形、皺褶」和「高、矮」等特徵和形狀。

孟德爾定律於一八六五年發表，當時卻並未受到關注，直到他去世16年後才被重新發現。

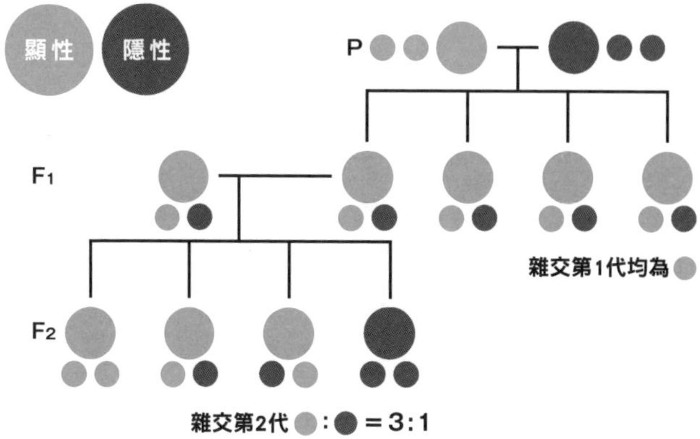
顯性
隱性
P
F1
F2
雜交第1代均為
雜交第2代 : = 3:1

如今，孟德爾定律已經廣為人知，其內容本身也沒有問題，只是其中存在一個疑點：從統計學角度來看，數據未免過於完美。

讓純種圓形種子和純種皺褶種子雜交，最初得到的都會是雜交種的圓形種子（上圖的F_1）；再讓這些雜交種雜交，圓形種子與皺褶種子的比例就會變成3：1（上圖的F_2）。

孟孟德爾計算出的種子數量，分別是圓形5474顆、皺褶1850顆（《植物雜交試驗》孟德爾著）。比率為74．74％和25．26％，幾乎是3：1。與「75％：25％」相比，誤差僅有0．26％。

後來經過英國統計學家費雪的調查，發現孟德爾的數據太接近3：1到令人難以置信的地步，從而引發爭議。

正如本書多次提到的，資料存在著差異，即使孟德爾定律是正確的，實際上也應該存在差異才對。雖然也可能是碰巧非常接近，但調查後發現，這種情況發生的可能性比偶然更小，這該如何解釋呢？

費雪主張「孟德爾有可能對數據做過調整」，也就是說，孟德爾**可能只收集了符合他心中預期的「3：1」比率的資料**。

但就算資料經過刻意操縱，也不能算是捏造。孟德爾並不是憑空創造資料，他的手上確實握有這些資料，只是挑選了符合自己預期的資料，並剔除不符合的偏離資料。

如今，學界已經消除這項質疑，因為經過更精確的分析，仍無法證明孟德爾篡改過資料。

不過，從這件事可以看出，統計學對過於完美或整齊的資料特別警惕；與此同時，捏造資料者也可能刻意製造出帶有一定程度差異的資料。

第二次世界大戰期間，英國數學家圖靈（Alan Turing）等人破解了納粹的恩尼格瑪密碼。雖然在這之後只需針對德軍的行動進行伏擊就好，但如果贏了所有戰役，德軍就會意識到密碼遭到破解而進行更改。為此，他們將行動維持在統計學的偶然範圍內，避免被德軍察覺，導致只能眼睜睜看著有些船艦遭到擊沉而無辜傷亡。

由此可知，統計學有時候會被作為欺騙的手段。

第5章總結

□ 目前所認為的常識和定論只是假設，仍可能被推翻。

□ 檢驗何者正確時，會先刻意假設反方是正確的來進行驗證，透過假設檢定來拒絕這個假設。

□ 假設檢定有2種：雙尾檢定和單尾檢定，可根據需要調查的內容來選擇方法（為了防止作弊，一開始就要決定好）。

□ 世上所有事物基本上都存在權衡取捨的關係。由於無法完全消除誤判情況，故而有危險率的概念。

第 6 章

證據是正確的？相關性不正確？

蟋蟀的鳴叫次數受溫度影響？

──把資料描繪出來即可看出相關性

夏天閃電乍現，下一刻響起轟隆隆的巨雷聲，即使是大人，也會不由自主地被嚇得站在原地動彈不得。如果從看見閃電到聽見雷聲之間有2秒的時間差，那就表示雷擊發生在距離家裡約640公尺的地方，因為聲音每秒傳播約320公尺，所以2秒鐘就是640公尺左右的距離。這是根據光和聲音之間的關係所推算出來的。

同樣地，如果蟋蟀每分鐘嘰嘰嘰地鳴叫140次（我覺得比較像咯吱咯吱），那麼此時的溫度是幾度呢？基於假設，可以預測在25度左右。

當然，每隻蟋蟀都有自己的個性，不同種類之間也有所差異，但大致來說，**溫度與蟋蟀鳴叫次數之間存在一定的相關性**。

■出乎意料的相關性

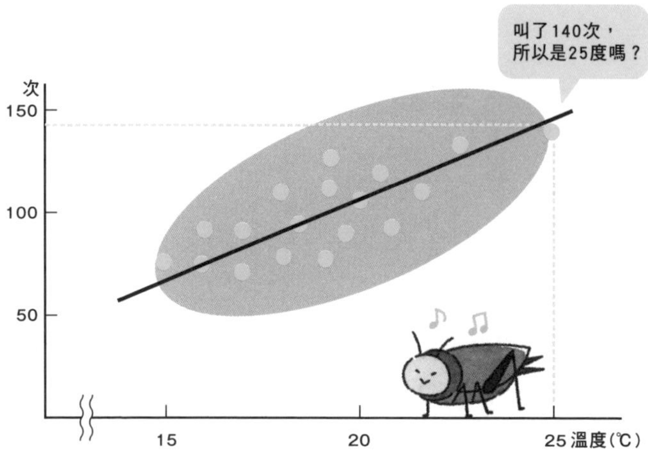
叫了140次，
所以是25度嗎？
次
150
100
50
15
20
25 溫度(℃)

像昆蟲等變溫動物，其體溫會隨著周圍溫度而改變，使得代謝速度也隨之變化。由於蟋蟀發聲肌肉的活性會受溫度影響，故其鳴叫次數與氣溫變化有所關聯。

假設在某地觀察蟋蟀的鳴叫次數與當時的溫度，呈現如上圖所示的關係。隨著溫度上升，蟋蟀的鳴叫次數也隨之增加，這樣的關係就稱為**相關性**。觀察資料的傾斜程度，在中間大致畫出一條線，就會得到一關係式（迴歸方程式）♪

居然有這種事！

大筆一畫！這樣應該不太準吧（汗）。

■有時也會出現負相關或無相關的情況

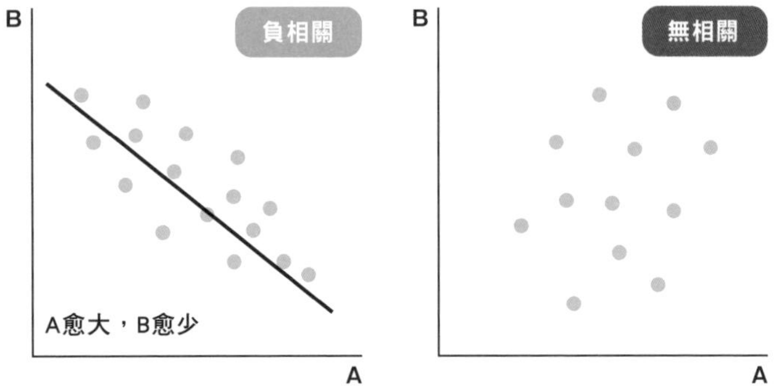

也是啦（笑）。

回到正題，隨著溫度上升，蟋蟀的鳴叫次數也會增加——一方增加，另一方也隨之增加，這樣的相關性稱為**正相關**。

正相關的例子包括：

- **冰淇淋的銷售額隨著溫度上升而提高**
- **大量攝取高熱量食物會導致體重增加**
- **成長期的體重會隨著身高長高而增加**

儘管存在例外，但**大致上可以說具有這種傾向**。

反之，也有一方增加、另一方減少的相關性，稱為**負相關**。例如：

・**冬季愈暖和，外套的銷售量愈不佳**
・**排隊等待結帳的顧客愈多，等待的時間就愈長**

此外，有時也會出現**無相關**的情況，看不出明顯的正向或負向趨勢，圖形看起來十分零散。

相關性也有強弱之分

除了正、負等不同外，相關性還存在強弱之分。

不過，以212頁的負相關圖為例，有些人可能覺得很有關聯，有些人則覺得關聯不明顯。每個人的感受都不同，因此必須使用數值來界定會比較方便。

若要以數值顯示相關程度，需進行稍微複雜的計算，算出**相關係數**的值。這得花上很長的篇幅討論，我就不在此詳述推導過程了。

簡單來說，就像計算變異數那樣，要考慮每筆資料與直線間距離最小化的情況。根據結果，相關係數可如215頁的圖所示進行分類（也有其他數值略微不同的分類方式）。**最大的正相關為1，最大的負相關為-1，無相關為0**。

按照這種分類方式，0．7～1為強正相關，不過0．69就被歸類為中度正相關了；實際上，0．7和0．69之間並無太大區別，因此我們只需將其視為觀察相關性強度時的參考標準即可。

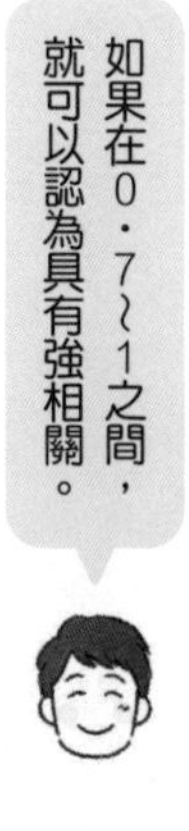
如果在0．7～1之間，就可以認為具有強相關。

總而言之，相關係數是一種用來衡量是否具有相關性的指標，能夠透過數值檢視資料的相關程度，非常方便。

■區分相關性的強弱

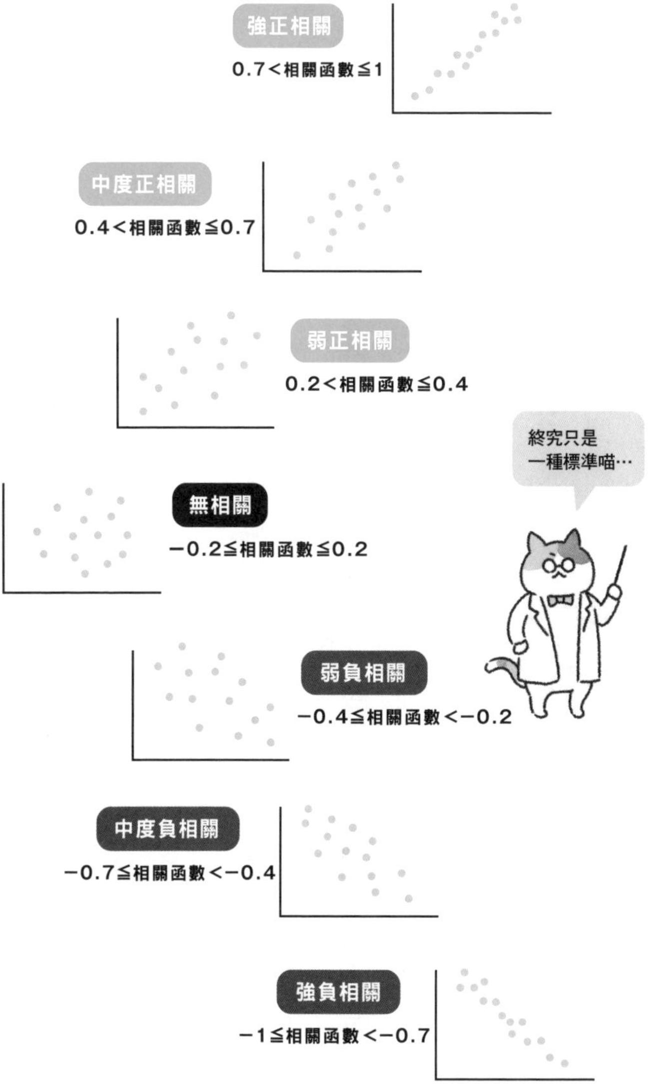
強正相關
0.7＜相關函數≦1
中度正相關
0.4＜相關函數≦0.7
弱正相關
0.2＜相關函數≦0.4
無相關
−0.2≦相關函數≦0.2
弱負相關
−0.4≦相關函數＜−0.2
中度負相關
−0.7≦相關函數＜−0.4
強負相關
−1≦相關函數＜−0.7
終究只是
一種標準喵⋯

有相關性就存在因果關係嗎？

——懷疑偽相關！

日本自古以來就有這類諺語：「今晚有晚霞，明天是晴天」、「雷聲多的一年將會豐收」……

這些是天氣預報尚未發達的時代，古人透過觀察大自然變化或生物行為（如燕子低空飛行）來預測天氣的生活智慧結晶，稱為觀天望氣。

其中，有些**原因與結果的關係**（因果關係）是正確的。

首先來看看「今晚有晚霞，明天是晴天」這句諺語是否正確。

晚霞會出現在西邊的天空（朝霞是東邊的天空），而大多數情況下，天氣是由西向東移，所以如果傍晚時分的西邊天空變得紅彤彤，就表示西邊的天氣晴朗，故「明天是晴天」的說法大致上是正確的（存在因果關係）。

而關於「雷聲多的一年將會豐收」這句日本人耳熟能詳的諺語，則是因為穀物生長需要氮肥（三大肥料之一），但除了豆科植物，其他植物都無法直接利用空氣中的氮氣（占空氣的78%）。然而，雷電可以使空氣中的氮分解成離子，並隨著雨水進入土壤，使穀物得以利用，進而茁壯成長。

古時候的人不懂這些原理，只是根據經驗獲得了這樣的知識。

回到統計學上，當兩者之間存在原因與結果（因果關係）時，只要將兩者的關係描繪於散布圖上，必然會看到**相關性**。

原來如此~意思是
存在因果關係就有相關性啊！

相關性的常見誤解

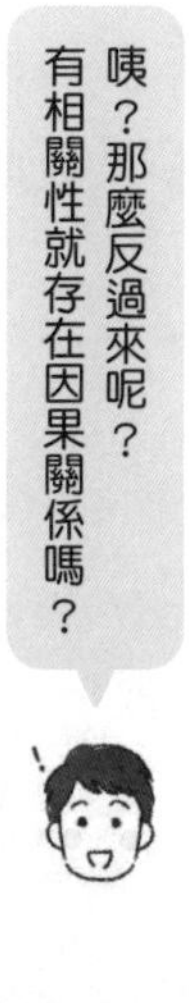
咦？那麼反過來呢？
有相關性就存在因果關係嗎？

非常感謝你巧妙地中了我的圈套，但若說「反過來一定不正確」也不行。畢竟**數以百萬計的資料中抽出觀察，確實會發現一些令人驚訝、具有偶然相關的組合**。

著名的例子像是，演員尼可拉斯・凱吉每年出演電影的次數與在泳池中溺死的人數之間的相關性為0・67、美國緬因州的離婚率與人造奶油的人均消費量之間的相關性為0・99……

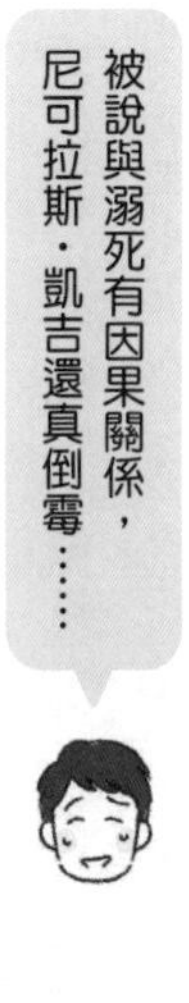
被說與溺死有因果關係，
尼可拉斯・凱吉還真倒霉……

■尼可拉斯・凱吉的演出次數與溺死人數之間存在相關性……

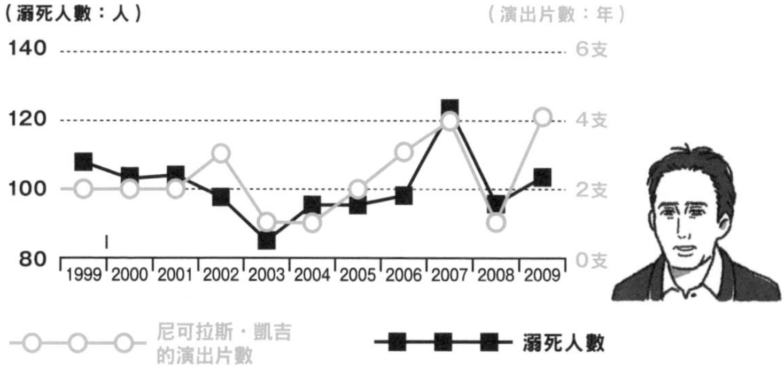

「看似存在因果關係的事物需要格外注意！」

假設我們收集某地區的兒童資料，將「腳的尺寸與漢字熟練度的關係」做成圖表，結果顯示腳的尺寸較大的兒童在漢字上的表現更優秀。

然而，兒童本就處於成長階段。一般來說，隨著年級增加，腳的尺寸就會愈大，學習的漢字也會愈多，漢字成績提高本就是可預期的。

因此，我們可以說腳的尺寸與漢字熟練度間有相關性，但並無因果關係。因為這兩者背後都隱藏著一共同因素——年級差異。

這種情況就稱為**偽相關**。

還有一個著名的偽相關例子：紅綠燈數量與交通事故。在人口稠密、車水馬龍的都市中，通常都會設置更多紅綠燈，但仍很常發生交通事故。然而，這並不代表紅綠燈很多（原因）導致交通事故頻繁發生（結果）。倘若真是如此，拆掉所有紅綠燈，不就再也不會發生事故了嗎？事實上，如果沒有紅綠燈，交通事故反而會發生得更頻繁。

乍看之下似乎存在因果關係，但實際上並不存在。

沒錯，紅綠燈和事故數量之間的相關性，其實是人口稠密（車輛眾多）、面積廣大等共同的隱藏要素所造成，也是一種偽相關。

區分出是偶然結果（尼可拉斯・凱吉的例子）、偽相關（存在其他隱藏因素），抑或真實存在因果關係，可說是非常重要的問題，甚至攸關我們的生命。

例如，某家公司開發出一種新藥時，要知道即使對一些人有效，也可能只是偶然結果罷了。這樣當然不足以獲得認可，這種關乎人命的大事更要謹慎以對。

其實，還是有辦法讓所有人信服新藥確實有效的，這就要靠**證據**了。

最著名的相關驗證作業，就是**隨機對照試驗**（RCT：Randomized Controlled Trial）。

下一節將會詳細說明。

說得也是。
那要怎麼知道確實的資訊呢？

證據登場了。好，我一定要好好跟上！

什麼是證據？

——透過隨機對照試驗來驗證！

近年來，除了AI（人工智慧）、雲端、DX（數位轉型）等詞彙外，應該也很常聽到**證據（evidence）**這個詞彙吧？

evidence最初用於醫療領域，但最近在商業場合也經常聽見。例如，常有人在會議中說：「你說的話有根據嗎？如果有證據就拿出來。」

Go To Travel是日本針對新冠疫情衝擊而推出的旅遊振興計畫，當時的日本首相菅義偉被問到：「這項計畫是否導致確診人數增加？」他面有慍色地回答：「沒有證據顯示Go To Travel造成感染者增加！」可見國會中也開始出現這個詞彙了。然而，等到勢頭不對才找證據並採取措施，可能為時已晚。事實上，這項計畫後來也隨即喊停了。

為什麼證據如此重要？

證據會受到重視，就是因為基於充分證據可慎重地討論並判斷，而非只根據氣氛或察言觀色來下決定。

前面提到，這原本是用於醫學相關領域。舉例來說：

- **這個新藥確實對這種疾病有效，可以透過隨機對照試驗的結果證明。**
- **這個治療方法確實對某種疾病具有療效，驗證結果也顯示了這一點。**

這都是**具有任何人都能接受的客觀根據**。

研發新藥時，必須驗證是否有效或存在副作用（不良反應），而這些驗證結果就是所謂的證據。

隨機對照試驗即為展示證據常用的驗證作業。進行隨機對照試驗，其結果可以讓「作為藥物確實有效」這件事得到保證（證據）。

那麼，隨機對照試驗具體要怎麼執行呢？

隨機對照試驗如何進行？

隨機對照試驗……這個名字聽起來好像很難。

不用擔心，它的內容並不像名字給人的印象那麼難懂。

假設A公司研發出一種似乎對Z病有效的新藥「速可療」，我們該怎麼做才能確定這種藥確實有效呢？

最先想到的方法是讓罹患Z病的100人服用速可療，其餘100人服用無害的安慰劑（假藥）。如果在Z病的治癒上有明顯的差異（顯著差異），即可判斷速可療具有其療效。

可是，這不會受到其他因素影響嗎？像是服藥後痊癒的100人都是年輕人之類的。

很好的問題！說得沒錯，這個方法在分成每100人一組的階段，有可能早已存在偏誤（偏差）。

因此，將受試者分成2組時，最好盡可能地根據條件（年齡、性別、地區、病歷史等），以隨機的方式分組。

服用速可療的組稱為**介入組**（治療組），服用安慰劑的組稱為**比較組**（對照組）。

當然，所有受試者都不會知道自己屬於哪一組，就連分發速可療和安慰劑的人也不會知道該組服用的是藥物還是安慰劑。這就是隨機對照試驗的方法。

■如何進行隨機對照試驗？

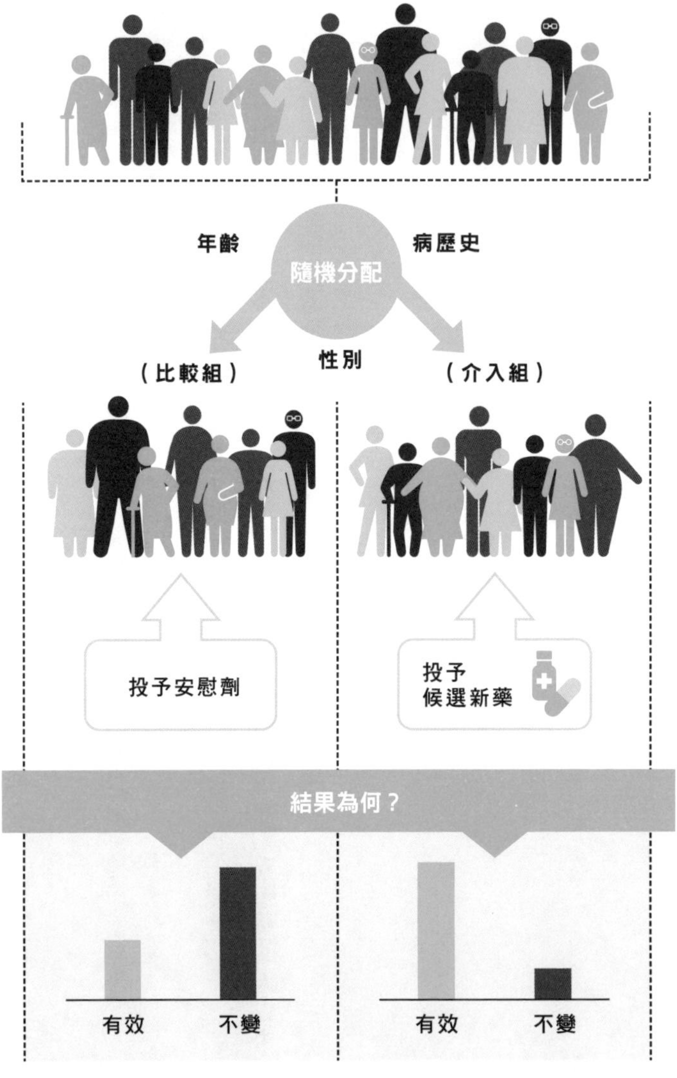
年齡
隨機分配
病歷史
性別
（比較組）
（介入組）
投予安慰劑
投予
候選新藥
結果為何？
有效
不變
有效
不變

新產品上市時，網路上常做的A／B測試

網路上其實廣泛運用了隨機對照試驗，並稱之為「A／B測試」。

當公司對新產品的包裝設計猶豫不決時，會在正式銷售前將第一個提案定為A，另一提案定為B（但也可以有3個以上的選項）。

接下來，當顧客瀏覽公司網站的時候，會被隨機分成2組（看到不同的提案）並進行測試，看哪個設計更具吸引力且讓人有購買意願，最後才根據結果決定最終設計並開始銷售。

在網路上，我們就可以像這樣輕鬆地將顧客分成2組或3組並進行誘導。

噢～這樣就能減少
「明明很有信心，產品賣不出去」的情況了！

歐巴馬總統也是靠統計學當選的!?

眾所周知，歐巴馬陣營在二〇〇八年的美國總統大選中，就是運用A／B測試的方法取得成功。

在美國的總統大選中，從支持者那裡募款非常重要。歐巴馬陣營花了很多時間思考怎樣的網站設計能夠募集到最多的選舉資金，卻遲遲無法做出結論。

於是，他們決定測試所有24個候選方案（6 x 4），讓瀏覽網站的31萬名支持者隨機分成24組，分別導向不同的網頁。

- **網頁要做成動態還是靜態（6個候選方案）**
- **哪個口號更好（4個候選方案）**

結果，市場行銷專家推薦的第一候選方案落選，由其他組合取得最棒的成果。後來的結果大家也都知道了，歐巴馬順利募得選舉款項，並成功當選美國總統。

沒想到專業人士的直覺也不可靠……
統計學靠證據贏過他們，實在了不起！

是啊，**使用隨機對照試驗，不僅可以讓我們獲得證據，還能排除傳統的主觀經驗和直覺，做出客觀的選擇**。

透過是否要全面進行ＰＣＲ檢測來看出你的統計常識

當新冠疫情爆發時，日本全國都在討論是否要全面進行ＰＣＲ檢測。那麼問題來了。

統計學問題

是否要全面進行ＰＣＲ檢測？

❶ 應該全面進行檢測。

❷ 沒有必要全面進行檢測。

答案❶在直覺上看似合理，但實際上是直覺與現實不符的例子，統計學正好可以幫助我們清楚地證明這點。只要瞭解這個原理，無論是進行ＰＣＲ檢測或是健康檢查，當出現不好的結果時，或許就能冷靜面對了。

首首先要知道一個前提：**ＰＣＲ檢測並不能完美區分是否感染新型冠狀病毒**。

理想狀況是，進行是否罹患Ａ疾病的檢測時，結果會100％對感染者呈陽性反應、對非感染者呈陰性反應。然而，實際上幾乎不存在這樣的檢測結果。有時即使感染病毒，也會因為檢測物質含量少而未能測出（偽陰性），或因為其他病原體與檢測試劑產生反應而呈現偽陽性。

以ＰＣＲ檢測為例，能夠正確判斷出感染者的機率約為70％，實際上比想像中的還要低。

目前日本人口約1億2千萬人，為了方便計算，這裡暫時設定為1億人。

在ＰＣＲ檢測中，假設實際感染者被正確判定而呈陽性的機率為70％（圖左上方的Ａ組），其餘30％實際感染者會被誤判而呈陰性（圖左下方的Ｂ組）；95％實際未感染者會被正確判定而呈陰性（圖右下方的Ｃ組），其餘5％的實際未感染者會被誤判而呈陽性（圖右上方的Ｄ組）。

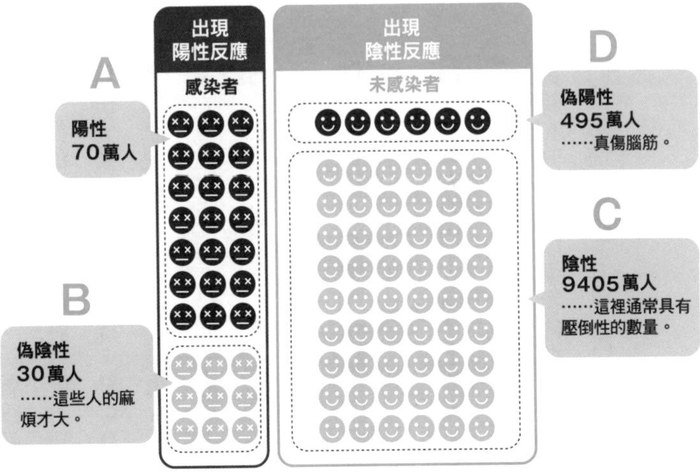
出現
陽性反應
感染者
出現
陰性反應
未感染者
A
陽性
70萬人
B
偽陰性
30萬人
……這些人的麻煩才大。
C
陰性
9405萬人
……這裡通常具有壓倒性的數量。
D
偽陽性
495萬人
……真傷腦筋。

而真正的患者占全體國民的1%（這只是猜測，無人知道確切數字），也就是1億人x1%＝100萬人。

那麼根據PCR檢測結果稍微試算，被判定為感染者的人數為：

A＋D＝100萬x70%＋9900萬人

x5%＝565萬人

在這565萬人中，其實只有70萬人真正感染了新冠病毒，其餘495萬人只是碰巧呈現陽性（偽陽性），這意味著醫療從業人員將面臨比原本患者100萬人多5倍以上的負擔。從國家的角度來看，對大多數國民進行檢測將耗費巨大成本，而誤判為偽陽性的人不是被視為患者而送往醫院，就是被迫居家隔離。

出現體溫超過37・5℃這個新冠病毒特有症狀，且醫生認為有必要進行PCR檢測時，檢測的準確度才會提高。雖然確實會有感染者沒接受到檢測的風險，且直觀上進行全面檢測是個好主意，但透過這樣的數值分析，就會發現全面檢測的效率不佳。

因此②「沒有必要（對所有人）進行檢測」，才是正確答案。

同樣地，即便健康檢查的結果不好，也可能是因為疾病而導致偽陽性。根據這些統計學知識，大家就能避免過於驚慌，冷靜判斷並進行二次檢查。

第6章總結

□ 當A增加、B也隨之增加時，代表A和B之間存在著相關性。

□ 有因果關係就必然有相關性，但有相關性不代表存在因果關係。

□ 即使認為可能存在相關性，也要注意是否隱藏其他因素（偽相關）或完全無關。

□ 只要有證據支持，就能在不依靠運氣或直覺的情況下做出客觀判斷。

第7章

統計學的敵人是借鑑歷史

因為面子比數據重要而犧牲的10萬名士兵

——為什麼忽略隨機對照試驗的結果？

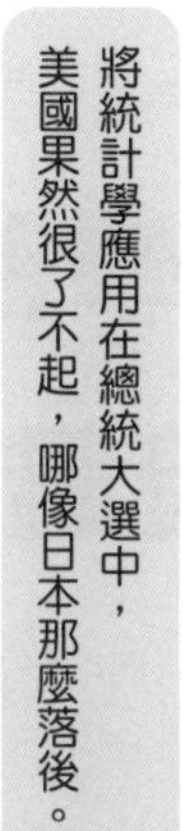
將統計學應用在總統大選中，
美國果然很了不起，哪像日本那麼落後。

其實這倒未必。日本的海軍在明治時代，就曾進行過隨機對照試驗，並取得優秀的成果。以當時來說，這確實是走在時代尖端的事件，最終卻迎來悲慘的結局。因為統計學的成果被完全忽略，繼而導致數十萬人患病、數千人死亡。

有這種事……
快告訴我發生了什麼。

運用統計學找出病因

在明治時代的現代化軍隊中，腳氣病是最讓軍方頭痛的疾病。

日本陸軍的軍醫大多是從德國學成歸國，其中還有人是發現霍亂弧菌的柯霍（Robert Koch）的學生，所以他們堅信腳氣病一定是感染到一種尚未被發現、名為腳氣菌的細菌；相反地，學習英式醫學（流行病學）的海軍軍醫總監高木兼寬（1849～1920）則認為，腳氣病可能是營養不良造成的。

明治時代的日本每年就有6500～1萬5千人死於腳氣病，但在軍醫留學的英國和德國等醫療先進國家，這種疾病卻幾乎不為人知。

後來人們才發現，腳氣病的真正原因是缺乏維生素B1。

當時的人將富含B1的米糠從糙米中去除，幾乎不配其他副食，只食用大量白米。其實只要食用糙米、麥飯，或是白米搭配副食，就能預防腳氣病，但那時連維生素的概念都不存在，自然也未發現這點。

這導致一八八三年（明治十六年）發生一起悲慘的事件。從日本開往紐西蘭和夏威夷的軍艦「龍驤」上，376名船員中有169人罹患腳氣病，釀成25人死亡。

高木調查後發現，罹患腳氣病的患者大部分都是下層士兵，排查所有可能性後，認為原因出在飲食差異所造成的營養不良上。高層士兵的餐點是白米搭配副食，而下層士兵的餐點只有白米，副食的費用則另行發放。然而，下層士兵幾乎不會使用這筆費用，而是努力積攢下來寄回老家。於是，高木開始進行大規模的實驗。

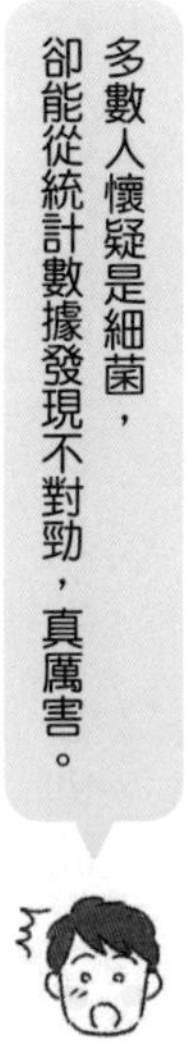
多數人懷疑是細菌，
卻能從統計數據發現不對勁，真厲害。

進行實驗的是另一艘與龍驤同型的軍艦「筑波」，於一八八四年（明治十七年）二月出航。由於當時軍隊中已有多人死於腳氣病，為了盡快查明原因並採取對策，海軍才願意配合這次實驗。

而這兩艘軍艦，正是典型的隨機對照試驗。

■筑波軍艦的死亡人數為0！

軍艦名	龍驤 ※1	筑波 ※2
罹患腳氣病人數	169人	15人
死於腳氣病人數	23人	0人

※1 比較組
※2 介入組

不惜使用一整艘軍艦
進行隨機對照試驗！
即使是明治時代，也
不輸給現代！

・介入組　筑波軍艦
・比較組　龍驤軍艦

學習英式醫學的高木，在120多年前就嘗試以不輸歐巴馬陣營的方法來獲得證據，實屬厲害。

結果一目了然。筑波軍艦返國前，罹患腳氣病的士兵僅15人，且無人死亡。不僅如此，這15人正是因為不遵守指示、未食用副食才患病的。

根據實驗結果，海軍將餐點從白米改為西式餐點配麥飯，並**成功在2年後將腳氣病的發病率從明治十六年的23%降至1%**。

儘管當時仍未查明真正的原因（缺乏維生素B_1），但至少透過使用**流行病學**的方法採取適當的措施，也取得了成果。

頑固的偏見導致陸軍犧牲許多生命

然而，海軍面前出現了意想不到的強敵。陸軍軍醫總監森林太郎（一般以森鷗外這個名字廣為人知）堅持己見地認為：「腳氣病並非營養不良這種不科學的原因所致，應該是尚未發現的腳氣菌所造成的。」完全否定海軍的調查結果。他堅持理論至上，選擇忽視眼前的明確事實。

從日本陸軍的官方紀錄可知，一八九四～一八九五年的甲午戰爭中，20萬名軍人中就有4萬1431人患有腳氣病；**相較於戰死沙場的997人，死於腳氣病的人數為4064人**。

此外，在日俄戰爭中，**35萬名傷病者中，有21～25萬人罹患腳氣病；3萬7200名戰病死者中，死於腳氣病的人共有2萬8千人**。

相較之下，在甲午戰爭期間，**海軍僅有34名腳氣病患者，其中3人死亡**。

歐巴馬總統和明治時期的高木海軍軍醫總監都成功地完成了隨機對照試驗。然而，領導者是否相信當時的證據並立即採取對策，或者認為與自己的看法不同而選擇忽略不採取任何行動，這已經不是統計學能夠解決的問題了。

是的。統計學可以獲得非常有效且具有意義的結果，但無論得出多麼出色的結論，得視高層要如何處理這些統計學上的證據，是否有意願加以利用，這才是關鍵所在。

愚者從經驗中學習，智者從歷史中學習

——根據相關性迅速採取行動

常有人說「重要的不是相關性，而是因果關係」。這句話固然沒錯，但在**處理現實的問題時，有時候等待因果關係確立將為時已晚**。讓我們來探討一個例子吧。

這次要介紹的是19世紀成功控制霍亂蔓延而聞名的英國醫生約翰・斯諾博士（John Snow，1813~1856）。當時倫敦尚未建立現代化的供水和排水系統，加上大量人口從地方湧入，導致人糞等排泄物造成的汙染問題層出不窮，甚至還有人將排泄物倒入流經倫敦的泰晤士河中。

在一八三二年、一八四九年和一八五四年，倫敦在短短幾年內就三度遭受霍亂的侵襲，人們卻不知道引發霍亂的原因，也就是無法確定**因果關係**。當時普遍認為霍亂是透過空氣感染（瘴氣）傳播的。

儘管原因不明，斯諾博士仍將霍亂患者的家仔細標記在地圖上。

他發現即使是同一地區，感染者的家也分散在各處，因此否定了「空氣感染說」（如果空氣感染說是正確的，就不可能是零星分布）。

另外，由於霍亂患者反覆嘔吐和腹瀉，斯諾博士開始思考：「該不會是因為飲用了受汙染的水吧？」（經口感染的可能性），並對布勞德大街的公共水井產生懷疑（在斯諾博士的時代，人們尚未發現霍亂弧菌）。

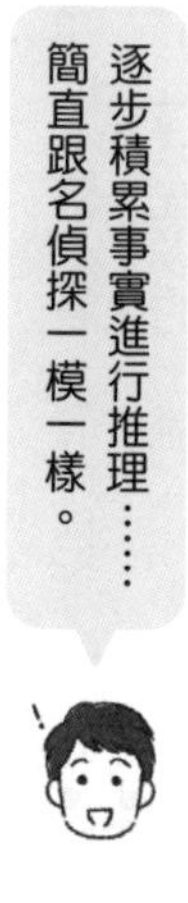
逐步積累事實進行推理……
簡直跟名偵探一模一樣。

「值得懷疑的情況下，可以先斬後奏」

而距離布勞德大街稍遠的地區也出現了霍亂病患，這件事成了決定性的證據。布勞德大街的水井因水質甘美而聞名，這些出現霍亂病患的家庭都有特地過去取水的習慣，

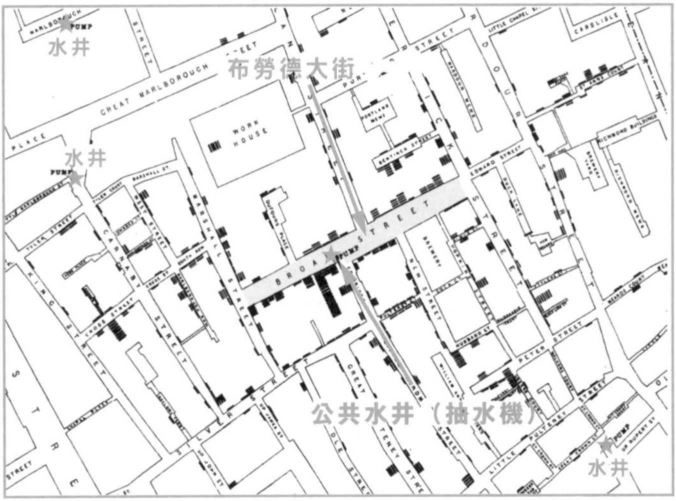

但附近並沒有其他感染者，斯諾博士因此確定這口公共水井就是疫情的源頭。

哦哦，終於確定真正的罪魁禍首！

倫敦市聽從斯諾博士的建議，立即停止了這口公共水井的供水，不久霍亂的擴散也得到控制。當拆除抽水機一看，發現地下的磚頭已經破損，附近清洗場的水流入井中，清洗感染霍亂的嬰兒尿布的汙水，就這麼直接流入這口公共水井。

斯諾博士就這樣，在不知道霍亂的真正機制下，成功掌握爆發感染的原因（公共水井），並將疫情控制下來。

此外，斯諾博士還進行了一項分析，根

■倫敦的自來水業者與霍亂死者之間的相關性

	戶數	霍亂死亡人數（人）	每萬戶死亡人數（人）
南華克和沃克斯豪爾公司	40,046	1,263	315
蘭貝斯公司	26,107	98	37
其他	256,423	1,422	59

出處：On the Mode of Communication of Cholera（約翰・斯諾）

南華克公司的自來水
似乎有問題……！

據相關性得出結果。

上面的表格是從泰晤士河取水的南華克和沃克斯豪爾（Southwark and Vauxhall Waterworks Company，以下簡稱南華克）及蘭貝斯（Lambeth Waterworks Company）兩家自來水公司之間的比較。從表格上可以看出，無論是霍亂死亡人數，還是每萬戶的死亡人數，南華克公司都遠遠高於蘭貝斯公司。南華克公司與蘭貝斯公司的區別在於從泰晤士河的取水位置不同，蘭貝斯公司是在南華克公司的上游（Seething Wells）取水，因此發生霍亂的情況相對較為輕微。

斯諾博士的解決方式很簡單，即不使用南華克公司的自來水。

正確的判斷應該從歷史中學習

斯諾博士真正的成就並非找出霍亂的因果關係，而是收集了有助於解決問題的資料，並迅速採取行動。

博士只是簡單地調查感染者的家，比較自來水公司的霍亂病患人數，根據相關性制定對策，促使政府部門採取行動。看到眼前的人們一個接著一個死去，只因為尚未充分證明因果關係或沒有明確證據就袖手旁觀，這無異於見死不救。

事實上，霍亂弧菌這種細菌的存在，以及進入人體引發脫水等症狀的霍亂機制，直到一八八三年才由德國的柯霍首次揭示出來（斯諾博士對抗霍亂的30年後）。

不過，霍亂弧菌的發現在後來的日本醫學界種下了強烈的先入為主觀念，認為疾病都是由細菌所引起，進而引發上一節所說的腳氣病慘劇。

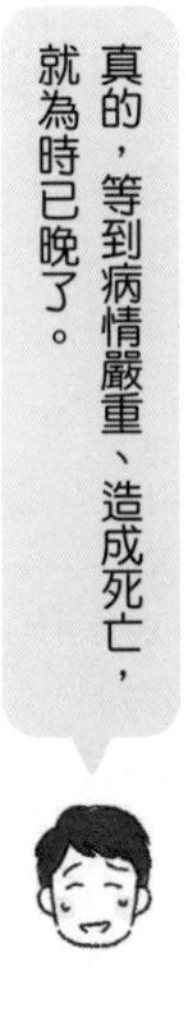
真的，等到病情嚴重、造成死亡，
就為時已晚了。

同樣的道理，在經濟活動或商業決策上。當時間緊迫時，不能等到確定因果關係後再採取行動，必須要有觀察相關性就採取行動的覺悟。

深入瞭解歷史的脈絡，會發現這樣的實例屢見不鮮。弄清楚因果關係自然最好，但在現實中，最好在瞭解全貌之前觀察相關性，及早採取對策。

那麼，我的統計學課程就到這裡告一段落。對你有幫助嗎？

我覺得統計學真的是一門對人生有益的學問。
謝謝你，米開朗基羅！

最後讓我們看2道用來檢視學習成果的問答題吧，請大家一起挑戰看看。

以100%的機率預測股價趨勢……!!來自X投資公司的神祕電子郵件

某天，身為資產家的你收到一封來自X投資公司的電子郵件，上面寫著：

「敝公司已經開發出一套可以利用AI（人工智慧）100%預測股價趨勢的系統，我們希望能夠幫您增加財富，請您投資1億圓。」

除此之外，郵件中還提到：

「為了證明這並非詐騙，我們會在未來的10天內，每天提前一天發送預測P公司股價變動的電子郵件給您，希望您能根據敝公司的表現做出正確的判斷。」

從那天開始，你每天都收到該公司的電子郵件，想不到他們真的連續10天都準確預測了P公司的股價走勢！

順帶一提，連續10天胡亂猜中的機率僅有1024分之一。

統計學問題

您願意相信X公司的AI系統而投資1億圓嗎？

❶ 好，那就投資吧！

❷ 唔，還是算了。

股價的漲跌機率確實各占½，連續猜中10次的機率僅有1024分之一。這麼一想，你的心中或許會興奮地認為：「X公司真的有厲害的AI系統！」從而選擇❶吧。如果是這樣的話，那你很容易被當成待宰的肥羊，最好提高警覺。

沒人知道每天的股價波動，根本不可能百分之百地準確地預測，只有老天才會知道未來的結果。

既然如此，為什麼X投資公司能夠連續準確預測股價的波動呢？

只要用以下方式思考，就會知道其中的機制很簡單。寄送電子郵件幾乎不需要成本，對方只需從資產家和富裕階層中挑出10萬人發送電子郵件即可。只不過，對方並非只發送1種預測，而是將共1024種的組合（從連漲到連跌）分別發送給10萬人，每個人10天內收到的預測都不相同。如此一來，每1024人中就有1人會收到連續猜中的郵件；換言之，10萬人中約有100位富翁會收到連續準確預測的電子郵件。

以前只能寄送明信片或信封（日本現在的信封為84圓），一次需要花費840萬圓，10天就要8400萬圓，想必詐騙公司也不會輕易嘗試這種方式吧。

不過，傳送電子郵件的成本低廉，只要一鍵即可輕鬆寄發出去，因此我們必須意識到自己正生活在一個危險的時代。

Column

新冠病毒的感染人數將會增加或減少？根據比率進行簡單的預測

自二〇一九年至今（二〇二二年三月），全球遭受新型冠狀病毒（COVID-19）的肆虐。感染人數的增減影響著緊急狀態和防疫措施的宣布，對餐飲業和旅遊業來說是生死攸關的問題。

即使不是專家，我們也能自行簡單推測受感染的人數將會增加或減少嗎？

請參考252頁的表格（從第1週到第10週）。表格中顯示東京都在新冠疫情某段期間的新增感染病例變化。

眾所周知，每週的條件都有所不同。比起連續幾天的變化，縱向觀察表格「每週星期幾的變化」更能反映出實際情況。

那麼問題來了！

■東京都新增感染病例的變化

	日	一	二	三	四	五	六
第1週	278	361	385	357	316	350	329
第2週	384	486	466	517	451	487	465
第3週	462	607	574	548	536	518	505
第4週	533	669	662	653	557	591	615
第5週	551	614	551	617	621	642	573
第6週	495	557	549	494	398	474	385
第7週	382	475	437	403	352	355	378
第8週	374	396	381	380	301	308	261
第9週	257	303	294	271	245	234	229
第10週	229	260	278	273	256	229	274

統計學問題

第11週後的感染病例，是增加還是減少？

看起來似乎第11週仍會持續減少。因為根據表格中的數字，雖然感染人數（實際人數）到第5週一路攀升，但從第6週開始便逐漸減少，到了第10週已經減少許多。從第7週到第10週，感染人數急劇下降，因此可以預期未來感染人數還會持續下降。

所以答案是「減少」。

……嗯？真的是這樣嗎？事實上，光

■10週內的增減率（到第65天）

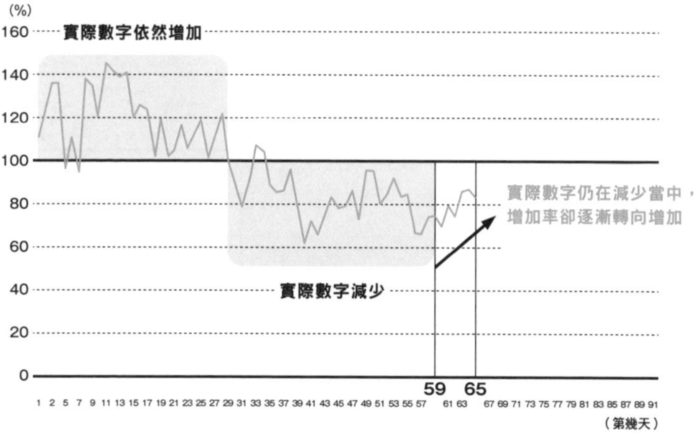
(%)
160
140
120
100
80
60
40
20
0
實際數字依然增加
實際數字減少
實際數字仍在減少當中，
增加率卻逐漸轉向增加
59
65
（第幾天）

看實際數字是不容易看出趨勢的，讓我們透過比率來觀察增減的情況吧。

253頁的圖表顯示與一週前相比增加或減少的比率。

如果從以100%（相同數值）的線為基準，可以看出雖然一開始高於100%，但差不多在第30天後便一直低於100%，可見感染人數正在減少。不過，這裡要注意的是減少率是上升還是下降。

事實上，在第59～65天（第9週～第10週）的這段期間呈現了上升趨勢。雖然沒有超過100%、實際數字仍是減少，但增減率的趨勢從85%增加為95%……明顯接近100%了，這裡發出一個非常可疑的訊號。

■10週內的增減率（到第91天）

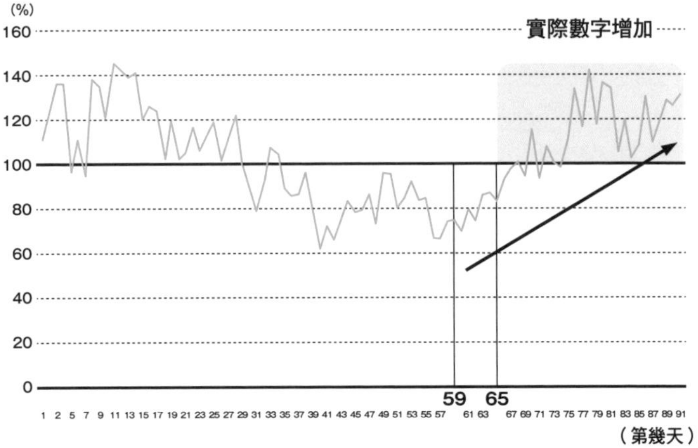
(%)
160
140
120
100
80
60
40
20
0
實際數字增加
59
65
1 2 5 7 9 11 13 15 17 19 21 23 25 27 29 31 33 35 37 39 41 43 45 47 49 51 53 55 57 61 63 67 69 71 73 75 77 79 81 83 85 87 89 91
（第幾天）

換句話說，**正確答案是感染人數很有可能會增加。**

實際情況又是如何呢？

從第11週後的感染人數變化來看，如254頁上圖所示，已經完全轉為增加（大約從第71天開始）。

這是根據東京都的統計資料，僅觀察增減率來判斷；儘管相對簡單，但可以說已經進行了必要且充分的分析。

第7章總結

□ 比起面子，更該重視從證據中得到的事實。

□ 重視因果關係固然重要，但有時也必須根據相關性迅速採取行動。

□ 特別是攸關人命的時候，更需要快速做出判斷。

□ 統計學真的非常實用!!

本丸諒

從橫濱市立大學畢業後，進入商業型出版社工作。以微積分、統計學、量子力學、半導體等數學和科學領域書籍為中心，策畫和製作許多暢銷入門書。此外，以月刊資料雜誌主編的身分，每月進行獨家的問卷調查，成功拉抬雜誌的銷量。
獨立後，利用自身的寫作技巧，作為「將理組主題〈超翻譯〉給文組讀者」的科學作家，以數學領域為中心從事寫作活動。日本數學協會會員。主要著作包括《文科生也看得懂的工作用統計學》（楓書坊出版）、《超直白！文科生統計學》（瑞昇出版）、《解開隱藏在數學符號裡的祕密》（臺灣東販）、《利用數學進行驚人的「大腦鍛鍊」》（SB Creative），以及《理解微分和積分的意義》（ベレ出版）、《3小時讀通幾何》（世茂出版）等合著。

不懂公式也OK！
用統計學思維搞懂投資、商務與育兒

出　　版／楓葉社文化事業有限公司
地　　址／新北市板橋區信義路163巷3號10樓
郵政劃撥／19907596　楓書坊文化出版社
網　　址／www.maplebook.com.tw
電　　話／02-2957-6096
傳　　真／02-2957-6435
作　　者／本丸諒
內文插畫／ミューズワーク
翻　　譯／趙鴻龍
責任編輯／邱凱蓉
內文排版／謝政龍
港澳經銷／泛華發行代理有限公司
定　　價／420元
初版日期／2024年9月

國家圖書館出版品預行編目資料

不懂公式也OK!用統計學思維搞懂投資、商務與育兒 / 本丸諒作；趙鴻龍譯. -- 初版. -- 新北市：楓葉社文化事業有限公司, 2024.09　面；　公分

ISBN 978-986-370-708-0（平裝）

1. 統計學

510　　113010853